广州老年教育特色项目丛书

马 林 郑 淮 / 总主编

HUADU GU CUNLUO WENHUA
LAONIAN YOUXUE ZHINAN

花都古村落文化
老年游学指南

广州市花都区成人教育培训中心 / 国家开放大学（广州）
老年开放大学花都学院　编

中山大学出版社
SUN YAT-SEN UNIVERSITY PRESS

·广州·

图书在版编目（CIP）数据

花都古村落文化老年游学指南/广州市花都区成人教育培训中心，国家开放大学（广州）老年开放大学花都学院编.—广州：中山大学出版社，2023.12

（广州老年教育特色项目丛书）

ISBN 978 - 7 - 306 - 07959 - 6

Ⅰ.①花…　Ⅱ.①广…　②国…　Ⅲ.①村落文化—花都区　Ⅳ.①K296.54

中国国家版本馆CIP数据核字（2023）第245120号

出　版　人：王天琪
策划编辑：杨文泉
责任编辑：罗雪梅
封面设计：曾　斌
责任校对：袁双艳
责任技编：靳晓虹
出版发行：中山大学出版社
电　　话：编辑部 020 - 84110283，84113349，84111997，84110779
　　　　　发行部 020 - 84111998，84111981，84111160
地　　址：广州市新港西路135号
邮　　编：510275　传　真：020 - 84036565
网　　址：http：//www.zsup.com.cn　E-mail：zdcbs@ mail.sysu.edu.cn
印　刷　者：广东虎彩云印刷有限公司
规　　格：850mm×1168mm　1/32　3.8125印张　73千字
版次印次：2023年12月第1版　2023年12月第1次印刷
定　　价：36.00元

编委会

顾 问

熊　军　　张信和　　孙朝霞　　王红霞
黄国利　　余大生　　李业奎　　谭耀邦
范燕桃　　汤卓家　　王　虹　　黄丽莉

总主编

马　林　郑　淮

主 编

奉美凤

副主编

邓静宜　　卢福汉

编 委

陈丽霞　　刘丽斯　　黄皖毅　　李　莉
利素风　　骆凤和　　黄丽媛　　温雪珍

塱头村（广州市花都区炭步镇旅游管理办公室提供）

茶塘村（广州市花都祠堂文化研究会提供）

藏书院村（广州市花都祠堂文化研究会提供）

三华村（广州市花都祠堂文化研究会提供）

高溪村田心庄（广州市花都祠堂文化研究会提供）

港头村（广州市花都祠堂文化研究会提供）

锺岗村（广州市花都都祠堂文化研究会提供）

蓝田村（广州市花都祠堂文化研究会提供）

马溪村（广州市花都祠堂文化研究会提供）

莲塘村（广州市花都祠堂文化研究会提供）

花山镇洛场村碉楼 "飞机楼"（广州市花都花都祠堂文化研究会提供）

茶塘村洪圣古庙（广州市花都祠堂文化研究会提供）

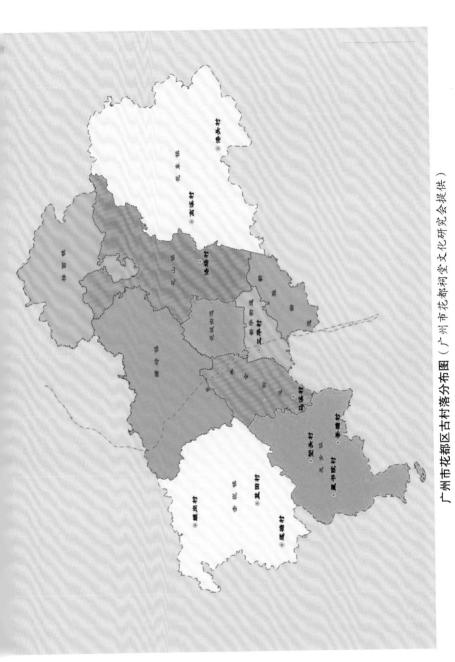

广州市花都区古村落分布图（广州市花都花都祠堂文化研究会提供）

广州老年开放大学花都学院
炭步镇古村落老年游学活动

塱头古村位于炭步镇西南，为黄氏一族单姓村落，立村已有650多年。

塱头村现存明、清古建筑330多座。迄今为止，塱头古村是广东省内保存规模最大的传统广府古村落之一。它规模宏大、规划有致，种类多样，内涵丰富，保存完好。

塱头村先后被公布为广州市内部控制历史文化保护区、花都最佳历史古村落、广东省古村落、广州特色古村落、花都乡村旅游点、中国楹联文化名村、广东省历史文化名村、第二批中国传统村落、国家级"AAA"旅游景区、第六批中国历史文化名村、广东省旅游名村和广州市第三批美丽乡村试点村等。

花都区古村落文化老年游学活动简章（广州老年开放大学花都学院提供）

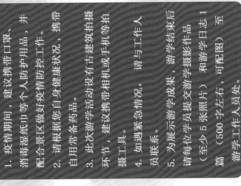

云涯公祠 11:00—11:45

学：望头村历史沿革及建筑特色
讲解员：范洽昌

午休+午餐：12:30

华岭村 14:00—16:00

学：历史人物—骆秉章
游：花岭农湾—水果采摘活动

游学路线安排

1 游塱头古村
2 云涯公祠
3 华岭村

游塱头古村 9:00—10:30

游：游览塱头村古建筑群
学：塱头古村建筑古建筑摄影技巧
讲解员：范洽昌
摄影指导老师：段世豪

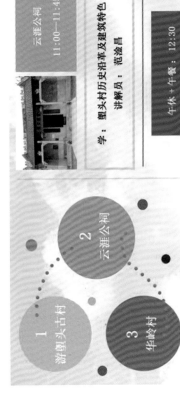

花都区古村落文化老年游学活动简章（广州老年开放大学花都学院提供）

广州老年开放大学老年游学活动（广州老年开放大学花都学院提供）

老年学员游学时拍摄的古村落（广州老年开放大学花都学院提供）

编 写 说 明

发展老年教育是进一步完善我国终身教育体系的重要举措，符合我国积极应对人口老龄化国家战略的要求。广州在 20 世纪 80 年代初就开办了老年大学，目前已构建"数量、质量、特色"三维并举的老年教育公共服务供给体系。2020 年，广州市人民政府教育督导室对全市老年教育发展情况开展了专项督导工作，广州市老年教育发展总体上完成了"十三五"期间国家《老年教育发展规划（2016—2020 年)》规定的指标要求。同时，广州也开展了关于老年教育的系列课题研究工作，其中包括广州开放大学（原广州市广播电视大学）于2020 年设立的老年教育特色品牌培育项目"花都区老年教育游学项目开发设计与实施研究——以炭步镇古村落文化游学项目为例"。本书是该课题的理论与实践研究成果，被列入"广州老年教育特色项目丛书"，由广州市花都区成人教育培训中心、国家开放大学（广州）老年开放大学花都学院编，华南师范大学的马林、郑淮担任丛书总主编，广州市花都区成人教育培训中心的奉美凤担任本册主编，副主编由邓静宜和卢福汉担任，编委由陈丽霞、刘丽斯、黄皖毅、李莉、利素凤、骆凤和、黄丽媛、温雪珍担任。

本书编写过程中得到了广州开放大学、广州市花都区教育局、广州市花都区文化广电旅游体育局、广州市花都区成人教育培训中心、广州市花都区炭步镇旅游管理办公室、广州市花都祠堂文化研究会、相关古村落的村民委员会和村民们的大力支持。尤其是广州市花都区成人教育培训中心的学校领导班子多次开会研究本书的编写工作，学校社区教育管理处、学校办公室、学校技术处等部门为本书的编写做了大量的沟通协调工作，邓静宜和卢福汉两位副主编为本书提供了翔实的古村落文化资料，各编委会成员在整理资料和文稿校对方面付出了辛勤的劳动。同时，本书编写过程中也参考引用了相关的专业学术资料与图片。在此均表示衷心的感谢。

本书力图在编写理念、体例和内容上有所创新。由于编写老年游学教材在我国尚处于探索阶段，恳请各方面的专家和读者对本书提出宝贵意见。

本书编委会
2023 年 6 月 1 日

目　　录

上 编

花都区及其古村落概况

一、引言

　　中华优秀传统文化是中华民族的"根"和"魂"，是最深厚的文化软实力，是中国特色社会主义植根的沃土，是我们在世界文化激荡中站稳脚跟的根基。党的十八大以来，习近平总书记多次强调中华传统文化的历史影响和重要意义，并赋予其新的时代内涵，指出要推动中华优秀传统文化创造性转化、创新性发展。传承中华优秀传统文化，就是要用其中的思想观念、人文精神和道德规范来滋养当代中国人的精神世界，提振当代中国人的精神力量。因此，要把传统文化的传承和发展全面融入各种类型的教育领域，包括老年教育领域。

　　古村落是中华优秀传统文化的重要载体。古村落作为历史文化与自然环境融合的文化遗存，体现了当地居民的特色文化与生存智慧，是古村落经济、文化可持续发展的重要资源。古村落文化中蕴含着中华民族的历史记忆、生产生活智慧、文化艺术结晶和民族地域特色，是中华文明的根，寄托着中华各族儿女的乡愁。因此，古村落是文化养老的重要阵地，其文化是老年游学的重要资源。

　　老年游学是老年教育教学模式的新形式，是在旅游的基础上融入教育和文化的元素，是文化养老的重要方式。所谓"文化养老"，就是坚持"以文化人""以文育人"，用中华优秀传统文化沁润老年朋友的身心，使老年朋友在与古村落的"对话"中，达到涵养品性、富足精神和健全身心的目标。同时，通过游学，老年学员可以积极参与到古村落文化的保护和传承之中。因此，促进古村落文化与老年游学的深度融合，推动老年游学的发展，推动传统文化的发展，是实现中华优秀传统文化传承和中华民族伟大复兴的重要环节。

 知识拓展

2017 年 1 月，中共中央办公厅、国务院办公厅印发了《关于实施中华优秀传统文化传承发展工程的意见》（以下简称《意见》）。《意见》指出："文化是民族的血脉，是人民的精神家园。文化自信是更基本、更深层、更持久的力量。中华文化独一无二的理念、智慧、气度、神韵，增添了中国人民和中华民族内心深处的自信和自豪。"因此，要建设社会主义文化强国，增强国家文化软实力，实现中华民族伟大复兴的中国梦，实施中华优秀传统文化传承发展工程至关重要。习近平总书记指出："中华文化渗透到中国人的骨髓里，是文化的DNA。"中华优秀传统文化是涵养社会主义核心价值观的重要源泉，培育和弘扬社会主义核心价值观，必须从中华优秀传统文化中汲取思想精华和道德精髓。

二、花都区概况

花都区位于广东省中部、广州市西北部，是一个充满活力和魅力的地区。全区总面积 970.04 平方千米，下辖 4 个街道办事处和 6 个镇。截至 2021 年年底，花都区户籍人口 86.36 万人，登记外来暂住人口 81.95 万人。近年来，花都区深入学习贯彻习近平新时代中国特色社会主义思想和党的二十大精神，积极践行新发展理念，牢牢抓住建设粤港澳大湾区这个"纲"，发挥区位、交通、产业优势，统筹做好稳增长、促改革、调结构、惠民生、防风险、保稳定等各项工作，朝着"国际空铁枢纽、高端产业基地、休闲旅游绿港、幸福美丽花都"的目标，砥砺前行，开拓创新，取得了一系列成绩。接下来，让我们一起来认识花都、了解花都吧！

（一）建置与区域

花都区（原花县）所属地在汉朝属番禺县辖，隋朝属南海县辖，宋代以后属番禺、南海分辖。清康熙二十五年（1686），政府划出南海、番禺两县部分区域置县，因地处花山而定名为"花县"，隶属广州府。

民国时期，花县屡次改属。1949 年 10 月 13 日，花县解放，划属江北专区，同年 12 月改属珠江专区。

1952 年和 1956 年先后改属粤北行政区和佛山专区。1958 年 11 月，广州郊区部分公社划归花县，遂改名"广北县"，1959 年 3 月复名花县。1960 年 4 月 20 日划为广州市属县。

1993 年 6 月 18 日，国务院批准花县撤县设市，定名"花都市"（县级），由广东省直辖，委托广州市代管，以原花县的行政区划为花都市的行政区划。2000 年 5 月 21 日，国务院批准花都市撤市设区，设立广州市花都区，行政区划不变。

2014 年 1 月 9 日，花都区行政区域再次调整，下辖新华、新雅、秀全、花城 4 个街道办事处和花山、花东、赤坭、炭步、狮岭、梯面 6 个镇。全区村民委员会 188 个，全区社区居民委员会共 71 个。

（二）地形与生态

花都区的地势由东北向西南阶梯式斜降，北部多为丘陵，海拔在 300～500 米之间，属南岭九连山余脉，中部为浅丘台地，南部为平原。境内最高峰是牙英山，海拔 581 米；最低点是巴江河畔的万顷洋，海拔 1.2 米。花都层状地貌明显。在气候方面，花都年平均气温在 23.4 ℃左右，汛期一般降水偏多，秋冬季降水少。

花都区是一个"山清水秀、田园花香"的宜居宜业城市，适宜人才创业和居住生活。花都生态环境良好，拥有 12 个 3A 级以上国家旅游景区，森林覆盖率36.55%，空气质量综合指数在全市排名第三，是在繁华的广州国际大都市中难得的宜居新城。花都区水面面积 104.7 平方千米，水面率 10.8%，包括流溪河（含一级支流 3 条、二级支流 2 条）、白坭河（含一级支流 21条、二级支流 12 条、三级支流 13 条、四级支流 6 条、五级支流 2 条）、梯清河三大水系，总长度为 380.75 千米。全区有水库 53 座，其中中型水库 4 座，小型水库49 座。全区中小型水库总库容 1.50 亿立方米。此外，还有 3 个人工湖：花都湖、人民公园湖和秀全公园湖。其中，花都湖占地面积 2 平方千米，湖面面积 1.17 平方千米，是国家水利风景区和国家湿地公园试点区。水利工程设施有 495 宗，分为水库、灌区、堤防、水闸、泵站、水电站六大类。

（三）区位与交通

花都区位于广州市北缘，地处北纬 23°14′01″～23°37′01″，东经 112°57′06″～113°28′10″。花都区东接从化，西连佛山三水和南海，南与白云区相连，北邻清远市，因而素有"省城之屏障、南北粤之咽喉"的美称。

花都区拥有国内少有的、完备的水、路、空、铁立体交通网络。京广铁路、武广客运专线纵贯全境，京港澳高速公路、许广高速公路、机场高速公路、乐广高速公路、大广高速公路、珠三角环线高速公路和沈海高速公路构成花都境内南北和东西走向高速公路网。东部流溪河与西部的巴江（白坭河）南汇珠江，船只直航港澳。位于花都的广州白云国际机场是国内三大空中交通枢纽之一。区内还有广州地铁 9 号线、广清城际铁路和广州东环城际铁路，形成外联内通的国际空铁枢纽格局。2017 年 12 月 28 日，花都区内首个地铁线路——广州地铁 9 号线一期开通。从花都出发，半小时车程内覆盖广州、佛山、清远 3 个重要城市的市中心，1 小时内可以到达东莞、肇庆、惠州、中山、江门等珠三角重要城市。独特的区位优势和发达的水、路、空、铁交通优势，为花都区的经济发展提供了有利条件。

（四）经济与资源

"十三五"期间，花都区经济实力显著增强，地区生产总值从 2015 年的 1080.21 亿元增加到 2020 年的 1682.15 亿元，年均增长 6.5%，人均地区生产总值达到高收入经济体水平。2021 年，花都区经济韧劲足，地区生产总值增长 6.6% 左右。规模以上工业总产值达 2768.97 亿元，总量居全市第三，比 2020 年增长 4.2%。2021 年，花都汽车产业基地被认定为省级高新技术产业开发区，广州花都经济开发区（汽车）获批为广东省首批特色产业园区。多家企业落户花都，多个产业园和创意园等园区建设进展顺利，多个投资项目顺利推进。融创大剧院正式开业，首届湾区冰雪文化节在花都启动。冰雪经济、免税经济、时尚经济成为新的经济增长点。2021年，花都区在绿色经济、营商环境改革、科技创新和外贸发展等方面取得了骄人的成绩。同时，花都极力打造国际空铁枢纽，推进空铁融合发展示范区的建设，瞄准总部经济、高端商务、文化旅游、临空消费、科创智造等产业的招商引资，打造花都新的经济增长极。花都区围绕广州市战略布局，积极推进"一城一港"建设。"一城"指智能新能源汽车城，着力打造智能新能源汽车全产业链，聚焦汽车产业新能源和智能网联的发展方向。"一港"指临空数智港，聚焦电子信息产业发展。总之，花都是广州举足轻重的先进制造业基地，三大先进制造业集群初步构建。花都汽车产业保持较快增长，千亿级智能电子产业集群和临空高科技产业集群加快形成，以文化体育旅游、商贸商务、金融服务为特色的现代服务业发展迅猛。花都将依托"空铁联运"大综合交通体系，向周边区域拓展经济和城市功能。

花都区的自然条件优越，生物资源和矿产资源丰富，具有多种动物栖息繁衍和植物生长所需的良好生态环境，生物种类较多，生长快速，地带性植被为南亚热带季风常绿阔叶林，栽培作物具有南亚热带的特征。花都区是果树和花卉资源较丰富的地区，其中果树约有41科、70属，近300个品种。炭步槟榔香芋、京塘莲藕、李溪石硖龙眼、白石红薯、门口坑粉葛、红山甜笋、莲塘黑皮冬瓜、蓝田黑花生、心和香芋、骆村霸王花干、田心马蹄、花泉山水豆腐花等都是花都区的名优土特产。其中，炭步槟榔香芋个头大，呈椭圆筒形，淀粉丰富，具有粉而香的特点，2014年被农业部（今农业农村部）评为"国家农产品地理标志"产品。蔬菜以优质、多品种著称，有13类近200个品种。花卉包括鲜切花、盆栽植物（观叶植物、肉质植物、盆花和盆景）、绿化苗木、草坪和种苗。花都区建有芙蓉嶂白沙田桃花水母及其生态区级自然保护区，保护珍稀物种桃花水母。此外，在矿产资源方面，花都区境内已探明矿石资源18种，储量大且开采价值高的有石灰石、花岗岩、高岭土（瓷土）等，其中，石灰石的储量在珠江三角洲具有优势。

（五）民族、宗教与方言

花都区人口以汉族为主，少数民族散居其中。2021年年底，花都区有少数民族人口6.39万人，其中，户籍人口0.97万人（40个民族），流动人口5.42万人（51个民族），流动少数民族人口占少数民族总人口的84.8%。户籍少数民族以壮族、土家族、瑶族、满族和苗族居多，主要分布于中心城区，散居各街镇；流动少数民族中，以壮族、瑶族、苗族和土家族居多，主要分布于中心城区和狮岭镇。

花都区有佛教、道教、伊斯兰教和基督教四大宗教场所。道教场所是圆玄道观，由广东省民族宗教事务委员会直接管理。属花都区管理的有 11 个宗教场所（佛教 4 个、基督教 7 个）和 5 个宗教活动临时地点（伊斯兰教 1 个、基督教 4 个），纳入规范管理的民间信仰场所 27 个。2021 年，全区有宗教教职人员 96 人，信教群众 6.96 万人。

花都区本地方言主要有粤语（白话）和客家方言。粤语通行全区，粤语系人口约占总人口的 2/3，多分布于花山、炭步、新华、花城、秀全、新雅等街镇；客家语系人口约占总人口的 1/3，多分布于梯面镇和狮岭镇。赤坭镇和花东镇讲粤语与客家话的人口杂居。随着花都经济社会的发展与对外开放交流的不断扩大，大量外地人口从全国各地移入，讲普通话和北方方言的人口日趋增多，与本地方言互相交融。

（六）历史文化与旅游资源

花都区有着深厚的历史文化底蕴，古村落、寺庙、祠堂、牌坊、门楼、名人故居、革命遗址和非物质文化遗产等历史文化旅游资源丰富。

截至 2021 年，花都区有全国重点文物保护单位 1 处、广东省文物保护单位 12 处、广州市文物保护单位 26 处、花都区文物保护单位 45 处、广州市登记保护文物单位 2 处、花都区登记保护文物单位 446 处和未定级文物 12 处。文物大多数是坛庙祠堂、学堂书院及宅第民居等明清砖木结构古建筑。时代特征突出的近现代重要史迹及代表性建筑数量也较多。此外，还有少量古遗址、古墓葬、石窟寺及石刻。

花都古村落拥有丰富的历史文化遗产，各村诸姓族谱、家规家训和祠堂文化都以古村落的延宕而存续。截至 2023 年，花都区共有广东省级古村落 11 个。这些古村落历经岁月的沉淀，与当地的自然景观和人文景观融为一体，是广府文化和岭南文化的集中体现。这些古村落极具地域特色和研究价值，既是花都人文历史的传承，也是广府文化的重要承载。

除了古村落以外，特色建筑也是花都区重要的文化旅游资源。洪秀全故居、资政大夫祠、盘古神坛和谷诒书室等都是特色建筑中的杰出代表。例如，洪秀全故居为一排 6 个房间的平房，是当地最简朴的民宅建筑形式，叫横屋。资政大夫祠坐东南朝西北，三间四进，总面阔 16.9 米，总进深 75.7 米，占地面积 1297.3 平方米。主体建筑为镬耳封火山墙，灰塑博古脊，碌灰筒瓦，青砖墙，花岗岩石脚。该建筑群在建筑规模和建筑艺术上，均居花都区现存古建筑之首，是研究清代岭南建筑、工艺、文化和风俗等的实物资料。盘古神坛位于花都区狮岭镇振兴村炉山山麓，是供奉盘古王的庙宇。神坛坐北朝南，建筑形制特殊，正面开敞不设门扇，两侧墙体开有大门，背面墙体中亦开有宽阔的窗门，使空间四向通敞，保存了与古神坛相应的一些遗风。该神坛是研究清代当地风俗、信仰、文化、建筑的实物资料。谷诒书室位于花都区炭步镇塱头村塱东社，建于清道光六年（1826），坐北朝南，主体建筑三间两进，西侧有衬祠，东侧有青云巷。全祠梁架、檩枋、木柱均为坤甸木料，砖木石雕、灰塑、壁画等工艺精湛，保存较好。黄谷诒（1777—1857）为该村黄氏第二十二世祖。该书室是研究清代岭南建筑和教育场所的实物资料。

非物质文化遗产也是花都区重要的历史文化资源。截至 2021 年，全区有国家、省、市、区级非物质文化遗产项目 30 个，代表性传承人 38 人。其中，国家级非物质文化遗产代表性项目 2 项：灰塑和蔡李佛拳；省级 2 项：广州珐琅制作技艺和盘古王诞；市级 9 项：花都元宵灯会、瑞岭盆景、客家山歌、花县太平天国人物传说、钉金绣裙褂制作技艺、洪拳、盘古王传说、黄豆酱传统制作技艺、广东醒狮；区级 17 项：粤曲粤剧、利农蒸酒制作技艺、嫁女饼制作技艺、骆秉章民间故事传说、李氏正骨、狮岭打铜技艺、陈式太极拳、白眉拳、传统膏方制作技艺、望顶山歌剧、臭屁醋（花都本地醋）、传统黄杞茶制作技艺、岭南传统香粉制作技艺和炭步鱼面传统制作技艺等。其中，灰塑又称"灰批"，是岭南地区一种非常独特的建筑装饰艺术，主要用于装饰建筑物的屋脊、门廊或山墙等部位。2008 年，灰塑被列入第二批国家级非物质文化遗产保护名录。2012 年，花都的邵成村先生被认定为"国家级非物质文化遗产项目（灰塑）代表性传承人"。除了灰塑，花都的瑞岭盆景至今已有 100 多年的历史，属岭南派盆景，是我国盆景艺术五大流派之一。

花都区的历史文化底蕴深厚，文脉源远流长，有的民间习俗和传统技艺仍在流传，例如，岁时节令活动、洪圣诞、北帝诞、投灯、游灯等民俗活动。花都区历史文化旅游资源中的物质文化遗产和非物质文化遗产都值得我们深入研究、精心保护和创造性转化。

花都区兼具深厚的历史文化底蕴和浓郁的现代科技气息，既有丰富的历史文化资源，也有蓬勃发展的现代产业经济。一方面，花都的古村落、祠堂、庙宇、牌坊、门楼、名人故居、革命遗址和非物质文化遗产等历史文化旅游资源丰富，是岭南文化和广府文化的优秀代表；另一方面，花都汽车、皮具皮革、电子音响和金银珠宝等制造业和临空产业、商贸文化旅游和绿色金融等现代服务业发展迅速，产业结构优化升级加快。

　　花都区将积极融入粤港澳大湾区建设，着力打造湾区北部空铁融合发展示范区、湾区绿色金融深度合作示范区、湾区先进制造业集聚区、粤港澳旅游目的地，加快建设"国际空铁枢纽、高端产业基地、休闲旅游绿港、幸福美丽花都"，努力为广州勇当"四个走在全国前列"排头兵做出应有的贡献。

三、花都区古村落概况

所谓古村落，通常是指清代以前形成的，现存历史文化实物和非物质文化遗产比较丰富和集中，能较完整地反映某一历史时期的传统风貌、地方特色、民俗风情，具有较高的历史、文化、艺术和科学价值的村落。

花都区一直以来非常重视古村落的保护和传承。在各级政府部门、当地居民和社会各界爱心人士的共同努力下，花都古村落保护工作取得了突出的成效。

花都区最古老的自然村落的历史可以追溯到北宋时期。现存比较完整的古村落有 20 个左右。自 2008 年塱头村被公布为第一批广东省古村落起至今，花都区共有 11 个古村落陆续被公布为广东省古村落。这 11 个省级古村落分布在四镇两街，分别是炭步镇的塱头村、茶塘村、藏书院村，赤坭镇的缠岗村、蓝田村、莲塘村，花东镇的港头村、高溪村田心庄，花山镇的洛场村，新华街的三华村，秀全街的马溪村。

这些古村落蕴含了丰富的历史文化资源，各村诸姓族谱、家风家训和祠堂庙宇都是以古村落的延续而遗存。这些古村落历经岁月的沧桑，早已与花都区的人文环境和自然风光融为一体，是广府文化和岭南文化的重要载体。因此，探寻古村落及其文化，探寻花都人文历史故事，以此挖掘广府文化和岭南文化的优秀传统文化意义重大。

下面分别对这 11 个省级古村落进行简单介绍，以勾勒出花都区古村落的基本概貌（见表 1 - 1）。

（一）塱头村古村落概况

塱头古村位于炭步镇西南，紧依南粤珠江流域的巴江河，西南侧分别与佛山市三水区和南海区相邻，北接巴江河，南至西南涌，面积 6.26 平方千米，为黄氏一族单姓村落，立村已有 650 多年，是当地知名的"进士村""乡贤故里"。黄氏宗族于南宋末年沿水路从珠玑巷南迁至广州北郊神山镇，元至正二十七年（1367）迁至塱头立村，在此扎根落户，繁衍生息。

旧时，花县有"西隅塱头，东隅港头""塱头桥，茶塘庙"的说法，这说明塱头村在过去是很有名气的。塱头村在明代地属南海县，处于白坭河以南、西南涌以北汇合的冲积平原带，河汉交织，湖泊密布，土地肥沃，物产丰饶，水陆交通便捷，农、渔、工、商均宜，人居环境较为理想。

塱头村虽然经历了 650 多年的风侵雨蚀和历史变迁，却仍然保持着原有的"山、村、水、田"的岭南风格。村落建筑坐北朝南，占地 6 万多平方米，呈梳式布局，南低北高，房屋随深巷次第升高，既有利于通风、

表1-1　花都区古村落简况

序号	村名	所属街道	立村时间	保存现状	备注
01	塱头村	炭步镇	据传元朝至正二十七年（1367）立村，距今650余年	（1）整体格局保存非常好，分塱东、塱中、塱西三社，古建筑群气势恢宏、水脉纵横，整体环境和谐。 （2）保存完整的明清古建筑有330余座，其中祠堂、书院（室）30余座、牌坊1座、桥梁1座、门楼3座、民宅300多座，巷里20多条，以村面30余座祠堂建筑一字排开，尤为壮观，为花都西隅最为突出的古村落。 （3）非物质文化遗产保存完整，保存了典型的耕读文化，有丰富的地方历史和传说，如"七子五登科"黄皞为代表，中以"父子两乡贤""奉旨放木鹅"等，以及活态民俗文化等	（1）2000年被公布为广州市内部控制历史文化保护区。 （2）2008年被公布为第一批广东省古村落，广东省公布为第二批中国传统村落。2012年被公布为广东省第三批中国历史文化名村，并被评选为广东最美古村落（30强）。2013年被公布为国家AAA级旅游景区。2014年被公布为第六批中国历史文化名村。 （3）省保单位（指广东省文物保护单位，下同）有4处：友兰公祠，乡贤栎坡公祠，留耕公祠，云伍公室；市保单位（指广州市文物保护单位，下同）有3处：谷诒书室，升平人瑞牌坊，黄皞夫妇墓。 （4）花都美丽乡村建设试点村，文化名村。 （5）村民多姓黄，文化名人有黄皞。

续表

序号	村名	所属街道	立村时间	保存现状	备 注
02	茶塘村	炭步镇	据传南宋时期立村,距今约700年	(1)村落整体格局保存较好,自然环境优美。 (2)保存明清古建筑120余座,其中庙宇1座、祠堂和书院(室)约20座、民宅100余座。 (3)非物质文化保存较好:该村洪圣古庙是地方民俗中心之一,流传着"茶塘庙、塱头桥"之说;岭南水乡风景保存较好;书院、书室反映了浓厚的耕读文化	(1)2009年被公布为第二批广东省古村落。 (2)省保单位有5处:洪圣古庙、青堂书室、南寿家塾、明峰汤公祠、万成汤公祠
03	藏书院村	炭步镇	据传明末建村,距今约400年	(1)村落整体格局保存较完整,梳式布局,近年村面古建筑得到有效的修缮,周边环境保护较好。 (2)保存古建筑70余座,其中庙宇1座、祠堂和书室14座、民宅近60座、巷里10余条。 (3)非物质文化较为典型,该村洪圣古庙是地方民俗中心之一,有"洪拳之乡"的美誉,活态的民俗及浓厚的耕读文化	(1)2009年被公布为第二批广东省古村落,花都美丽乡村建设试点村。 (2)省保单位有1处:谭氏宗祠。 (3)村民多姓谭,文化名人有谭生林,曾历任李汉魂部一五五师团长、四六三旅旅长、副师长,广东省军管区司令部自卫队总队长等职

续表

序号	村名	所属街道	立村时间	保存现状	备注
04	三华村	新华街	据传北宋元丰八年(1085)立村,距今930余年	(1) 整体格局保存一般,以中华社保存较为完整。 (2) 据不完全统计,三华村有庙宇1座、祠堂22座,有价值的古民居170余座。 (3) 非物质文化遗产丰富。例如,水仙古庙"御史大王诞"做大戏、端午扒龙船,春节舞狮等传统民俗活动;多名徐姓黄花岗烈士的爱国主义题材;村落水塘连片泽水而居的"蟹形"布局反映的和谐及风水文化等	(1) 2009年被公布为第二批广东省古村落。 (2) 省保单位有4处:资政大夫祠、南山书院、亨之徐公庙、水仙古庙。 (3) 市保单位有3处:中国同盟会广东番花分会旧址、徐氏大宗祠、默庵徐公祠。 (4) 村民多姓徐,文化名人有徐维扬、辛亥革命黄花岗烈士、香港影视名人徐小明等
05	高溪村田心庄	花东镇	据传清嘉庆三年(1798)立村,距今220余年	(1) 整体格局整齐划一,状似棋盘,保存完整,周边环境保持较好。 (2) 保存古建筑40余座,其余均为形制风格一致的民居,建筑工艺精美。 (3) 保留了万意钱财有进无出的"厚斗巷"风水文化以及保存了活态民俗文化等	(1) 2000年被公布为广州市内部控制历史文化保护区。2009年被公布为第二批广东省古村落。2012年被公布为第三批广东省历史文化名村。 (2) 广州市文物保护单位。 (3) 花都美丽乡村建设重点村,村民多姓欧阳

续表

序号	村名	所属街道	立村时间	保存现状	备注
06	港头村	花东镇	据传元至正十八年(1358)立村，距今660余年	(1) 整体格局保存较为完整，周边环境保持较好。 (2) 保存完整古建筑80余座，其中祠堂1座。 (3) 有"西隅塱头、东隅港头"之说。该村旧时较为富裕，文风鼎盛，考取举人以上功名的几十人，任知县以上官职的不下十八	(1) 2012年被公布为第三批广东省古村落。 (2) 2014年被公布为第三批中国传统村落。 (3) 花都美丽乡村建设重点村
07	缠岗村	赤坭镇	据传明朝立村，距今500多年	(1) 整体格局保存较好，周边环境较好。 (2) 保存完整古建筑90余座，有祠堂、书室、家塾、门楼和民居等。 (3) 村民外迁，旧村仅少量老人留居，非物质文化遗产保存不理想	(1) 2015年被公布为第四批广东省古村落。 (2) 花都区美丽乡村建设试点村。 (3) 村民多姓罗
08	蓝田村	赤坭镇	据传明朝立村，距今500余年	(1) 整体格局保存完整，周边环境保持较好。其 (2) 保存古建筑120余座，有祠堂数座，其余均为民居	(1) 2015年被公布为第四批广东省古村落。 (2) 村民杂姓

续表

序号	村名	所属街道	立村时间	保存现状	备注
09	马溪村	秀全街	据传元朝立村，距今约800年	(1) 旧村整体格局保存较完整，布局清晰。 (2) 保存古建筑200余座，其中庙宇1座，祠堂3座，部分民宅建筑精美，保存状况一般。 (3) 保存了活态民俗文化。	(1) 2016年被公布为第五批广东省古村落。 (2) 分为位育社、西河社两社，位育社村民多姓黎，西河社村民多姓林。文化名人有农民运动志士林宝宸，乡绅林耀门"一门四将"，各林高手林文亭和林月初等。
10	莲塘村	赤坭镇	据传明朝立村，距今600余年	(1) 整体格局保存完好，周边环境保持较好。 (2) 保存古建筑500余座，其中祠堂13座。 (3) "花县八景"之一的"乌石幽奇"位于该村。 (4) 为广州市"菜篮子"工程的二线基地村，是鱼米之乡。 (5) 保存了活态民俗文化，如过年聚福活动等。	(1) 2014年被评为广州市名镇名村，蓝田村获评第三批广州市新农村示范片。2016年被公布为第五批广东省古村落，第三批广州市美丽乡村示范片。2017年与蓝田、鲤塘村获评广东省新农村示范片。 (2) 分为莲塘、陂唐、小迳、官坑4个自然村。 (3) 村民多姓路、卢、甘、周和邓等。

续表

序号	村名	所属街道	立村时间	保存现状	备注
11	洛场村	花山镇	据传明朝立村，距今500余年	（1）著名侨乡，村民旅居美国为多，占全村人口一半以上。 （2）现存约50座碉楼及大量青砖青瓦房，有"洛场碉楼"美誉。 （3）2013年，以庞大的碉楼建筑群建设"花山小镇"，投资1亿元。 （4）保存了活态民俗文化	（1）2016年被公布为第五批广东省古村落。 （2）村民多姓江。文化名人有民国广东省政府参议江起鹏，美国首位华人州务卿余江月桂，乒乓球名宿江嘉良等

纳阳和排水，又使单体建筑之间错落有致，颇具美感。村面的建筑主要为庙宇、祠堂、书院、书室、牌坊、门楼和市头等，严肃规整，气势恢宏。现村落建筑主要为明清两代建筑风格，保存完整的青砖建筑有 330 余座，其中，祠堂、书院（室）30 余座，牌坊 1 座，桥梁 1 座，炮楼、门楼 6 座，民宅 300 多座，巷里 20 多条。其建设规模、建筑工艺和保存完整性均为花都古村落之首，是广东省内保存规模最大的传统广府古村落之一。

同时，塱头村还注重文化活态传承，拥有较为丰富的非物质文化遗产，保留着"天天拜神、月月祭祖、年年做寿"的民间习俗，流传着"公孙八科甲""七子五登科""父子两乡贤""奉旨放木鹅"等民间传说，传承着春节舞狮、投灯和游灯等节庆活动。塱头村村中时常萦绕着悦耳动听的粤韵南音，飘溢着传统秘制鱼酱的香味。

近年来，塱头村得到了很好的保护和发展，文化遗产得到了挖掘和合理利用，各类节庆活动提升了塱头村的知名度和美誉度，优秀传统文化的保护与乡村振兴战略的实施使塱头村走上了协调发展之路。塱头村日益成为旅游和游学的好去处。

塱头村在各级政府和社会各界的关心与支持下，围绕创建历史文化名村、国家 AAA 级旅游景区和美丽乡村建设等目标，脚踏实地，不断提升传统文化的影响力。据不完全统计，近几年，各级政府对塱头村的投入总资金达到 3000 多万元。经过多年的打造，古村落的保护与发展成绩斐然：

2000 年，塱头村被公布为广州市内部控制历史文化保护区，纳入广州市历史文化名城保护规划。

2006 年，塱头村被公布为花都最佳历史古村落。

2008 年，塱头村被公布为广东省古村落，成为全省首批 27 个古村落之一。

2010 年，塱头村被公布为广州市特色古村落、花都乡村旅游点，被授予"广东古村落文化保护基地（广府村落）"称号。

2012 年，塱头村被公布为中国楹联文化名村、广东省历史文化名村和广东省最美古村落 30 强。

2013 年，塱头村被公布为第二批中国传统村落、国家 AAA 级旅游景区。

2014 年，塱头村被公布为第六批中国历史文化名村。

2015 年，塱头村被公布为广东省旅游名村、广州市第三批美丽乡村试点村。

（二）茶塘村古村落概况

茶塘村隶属花都区炭步镇，位于炭步镇西南禅炭公路西侧，东接塱溪，南临环山，与佛山市南海区相望，西连石湖山，北临巴江，总面积 3.13 平方千米，交通极为便利。茶塘村地广人众，下辖 11 个村民小组，村民多姓汤。茶塘村今分北、中、南三社，呈梳式布局，有一条由两块花岗岩条石铺成的石板路贯穿全村。

汤姓先祖汤纲于南宋开禧初年从南雄珠玑巷迁新会大良塑底村，不久便迁至南海汤村。汤纲之子汤穆于嘉定年间迁居石湖（即花都石湖村），汤穆之孙汤逸时（1232—1320）于宋末由石湖迁出，立村于茶塘，距今约 700 年。

村中古建筑坐东朝西，占地 6 万多平方米，现存较为完整的明清建筑约 120 座，其中，庙宇、祠堂、书院、书室共 20 多座，古巷 16 条，古民居 16 座。

村面建筑以庙宇、宗祠及书室为主，现存祠堂 10 座。其中，明峰汤公祠、万良汤公祠、友峰汤公祠、万成汤公祠 4 座祠堂工艺最精细，广泛采用木雕、砖雕、石雕、灰塑、壁画等建筑装饰工艺，题材以神话传说、民间故事和吉祥图案为主，体现人们对美好生活的向往和追求。书室以肯堂书室最为有名。肯堂书室的布局疏密有致，结构规整对称，空间上层层深入上升，有利于通风、纳阳和排水。与祠堂一样，肯堂书室的装饰工艺也颇具欣赏价值。

古巷中以足征里最为著名，人们称之为"财主佬巷"，民国时期更是被称为"华尔街"。明清时期，尤其是在清代，花县设水西巡检司于炭步，使炭步商业更加繁荣，渐成圩市，称炭步圩。茶塘村距离炭步圩不足2500米，占有地缘优势。一条长长的石板路成为茶塘村商业兴隆的象征。

此外，茶塘村的洪圣古庙是花都区规模最大的庙宇，其建筑形式独特，装饰工艺精湛，为广东省文物保护单位。花都旧时有"塱头桥，茶塘庙"之说，说明这一桥一庙在当地很有名气。洪圣古庙位于茶塘村南社，坐西向东，建筑形式独特，广泛采用多种装饰工艺，可谓富丽堂皇。洪圣古庙蕴含的水文化非常丰富，如二龙争珠、雷公电母等。

2008年，由广州市和花都区两级政府共同出资，对村内古建筑进行了全面修葺，使古老的村落散发出更加迷人的魅力。

2009年，茶塘村被公布为第二批广东省古村落。

（三）藏书院村古村落概况

藏书院村位于炭步镇西南，为谭氏一族单姓村落。藏书院村北接塱头村，东临茶塘村，南至花都大道，西接佛山，立村已有400多年。

藏书院村村名原为"藏寿庄"。藏者，指该村群山环抱、翠林掩映而潜藏不露；寿者，指该村得天独厚、钟灵毓秀而天齐人寿。相传，该村崇尚耕读之风，村中读书人多，一次乡试考上举人和贡生者多人，考官为奖励该村，特送牌匾，赐名"藏书院"。新中国成立后该村曾改名"藏峰村"，现使用"藏书院"一名。

藏书院村现保存较完整的古建筑有 70 余座，其中庙宇 1 座，祠堂和书室 14 座，其余为三间两廊式的民宅。每列建筑由冷巷相隔，现存冷巷 11 条，冷巷大多由石头铺成，巷深约 200 米，巷门楼均嵌红砂岩石额，刻有巷名，如文明里、安怀里、人和里等。藏书院村的祠堂和厅堂主要分布在村面，包括谭氏祖祠、谭氏宗祠、云溪公祠等。其中，村内的谭氏宗祠是广东省文物保护单位。

藏书院村蕴藏着深厚的"和"文化内涵。例如，藏书院村每年农历八月初六举行秋祭，族长为全村男女老少分鱼，体现了对村民的人文关怀。每年新春元宵佳节的前一天即农历正月十四日，全村举行投灯和游灯活动，村民都积极参与这项宗族大融合、大欢庆活动。

藏书院村村民崇尚练武，喜欢"拳脚功夫"，尤其钟情于洪拳。洪拳传承发展已有 200 多年，现已传至第十代。可见，洪拳在藏书院村有悠久的历史。每逢新春佳节，村民们会在藏书院广场练拳，或举行舞狮表演，或进行洪拳表演。

藏书院村村民追求"天人合一"的村落选址，追求"健康长寿"的理想人生和"忙耕闲读"的生活方式，秉持"持中致和"的处事态度，造就了藏书院村村民团结互助、勤劳互敬、奋发互勉的文化性格。

2009年，藏书院村被公布为第二批广东省古村落。

（四）三华村古村落概况

三华村位于新华街西北部，西与毕村仅一河之隔，东靠五华村，南临新街村，北邻大华村。三华村处于花都交通要道之间，村东有京广铁路、武广快线贯穿，村西有广清高速、107国道越境，城区建设路与云山路分别在村的东侧和南侧经过。

三华村始建于北宋元丰年间，立村已有930多年历史，可谓历史悠久。全村均为徐姓，包含中华里、东华里、元华里、西华里4个自然村，划分为18个村民小组。

村中保留了300多座明清风格的古建筑，现存有祠堂22座，分别矗立在各村社的重要位置。其中，资政大夫祠建筑群占地27亩多，是一组具有鲜明地域文化特色的、融中原文化与岭南传统文化于一体的传统建筑群，也是花都现存规模最大、工艺最精、保存最好、级别最高的古建筑群。资政大夫祠建筑群建于清同治年间，由资政大夫祠、亨之徐公祠、南山书院和水仙古庙组成，简称"两祠一院一庙"。民居大多为三间两廊式结构。其中，位于元华里中心巷（村民称之为"大巷")的徐焰民宅为侨派建筑，为中西合璧风格，整体采用灰塑、砖雕、石雕、木雕、壁画等装饰工艺，有"麒麟吐书""丹凤朝阳""起居叶吉""视履考祥""来才贵""福鼠衔钱"等艺术造型，工艺精湛，美轮美奂。资政大夫祠古建筑群和元华里的民居与城区的高楼大厦形成鲜明的对比。

三华村民俗文化丰富，岁时节令游艺活动多，如春节舞狮拜年头、端午节扒龙船、盂兰节放河灯等。还有民间信仰习俗活动，如御史大王诞、娘妈诞、洪圣诞、北帝诞等，可谓精彩纷呈。

此外，三华村还被誉为"英雄村"。1909 年，中国同盟会"番花分会"在这里成立。1911 年"三二九"黄花岗起义，徐维扬带领花县 40 多名敢死队队员义无反顾地参加广州起义。中国近代民主革命家徐维扬及 18 位黄花岗烈士均出自三华村的番花分会。

三华村文化遗产丰富，2009 年被公布为第二批广东省古村落。

（五）高溪村田心庄古村落概况

高溪村位于花都区花东镇中部，东起利农村，西至凤岗村，南起推广墟，北至大东村。世居村民主要为广府人，部分为客家人，主要姓氏为王姓、欧阳姓、江姓及骆姓。田心庄是高溪村的一个自然村，俗称"欧阳庄"，为欧阳氏一族单姓村落。该族自江西入粤，几经迁徙，最后于清嘉庆年间迁此立村，至今有200多年历史。该村因地处农田中心而得名"田心"。

田心庄坐北朝南，平面布局呈长方形棋盘状，结构严谨，布局规整，形制一致，风格统一，规模宏大，保存较好。村子的建筑以献堂家塾为中轴，左右对称分布，各有民居4列，每列建筑以冷巷间隔，冷巷前后设有门楼。

田心庄现存较为完整的古民居有41座，而最完整的当数"戽斗巷"一列，共有古民居8座。古民居三间两廊的结构是典型的岭南传统民居建筑形制，既考虑了岭南的气候特点，又兼顾了安全防御功能，设计十分巧妙。民居的装饰工艺非常精美，广泛采用灰塑、木雕、砖雕等，样式丰富，意蕴深刻。

田心庄的古建筑风格为花都区内仅有，是岭南地区清代农家民居建筑的典型，具有相当高的历史文化价值和建筑艺术价值。田心庄每列建筑都由一条冷巷相隔，笔直的冷巷不仅能通风、纳阳、排水，而且给人一种悠远绵长的意境和层层递进的美感。在中轴线的右侧，有一条与众不同的巷子，它前端狭窄，后端宽阔，呈戽斗状，寓意家中钱财有进无出，延绵不断，村民把它称为"戽斗巷"。

田心庄以献堂家塾为中轴。献堂家塾于立村时建造，1997 年曾重修，三间三进，总面宽 12.7 米，总进深 29 米，悬山顶，灰塑龙船脊，灰砾筒瓦，青砖墙，花岗岩石脚，红砖铺地。它不是祠堂，却具备了祠堂的功能。

2000 年 9 月，田心庄被公布为广州市内部控制历史文化保护单位。

2002 年 7 月，田心庄被公布为广州市文物保护单位。

2009 年，田心庄被公布为第二批广东省古村落。

2012 年，田心庄被公布为第三批广东省历史文化名村。

2015 年，田心庄被评为广州市第三批美丽乡村。

（六）港头村古村落概况

花都有句"东隅港头，西隅塱头"的老话，其中的"东隅"说的就是港头村。

港头村位于花东镇东北部，东连水口营村，南邻白云区龙岗村，西接华侨农场，北临吉星村，面积 2.83 平方千米。港头村地理位置十分优越，东、南、西三面有水环绕，是古时花都的水陆交通要道，素有"三水朝北，四水归源"之美誉。村前的流溪河，是广州与北部地区联系的主要水路。港头村立村已有 660 余年，主要姓氏为曾姓。世居村民属于广府民系，通用方言为粤方言。

村庄坐北朝南，布局统一、严谨，村前有一口与村面等长的半月形水塘，镬耳高墙的古建筑群倒映水中，弥漫着浓郁的历史人文气息。村中建筑以梳式布局，每座建筑以冷巷分隔，现存里巷 11 条，巷名别致隽永。

村中古建筑均为明清建筑风格，以文孙曾公祠为中轴线，向东西两旁延伸。现保存完好的青砖古建筑约 80 座，其中祠堂、书院、厅堂共 6 座，其余均为民居。村面的建筑体量较大，大多为祠堂、书院和厅堂，一般为三间三进或三间两进，10 多座古屋在村面一字排开，肃然规整，颇具气势。村里的民居很有特色，著名的"八家祖屋"首尾相连，同时建造，布局一致，三间两廊式结构，墙体为"金包银"，镬耳山墙，外观颇为气派，入住冬暖夏凉。港头村与西隅塱头村的村落环境颇为相似，有异曲同工之妙。文孙曾公祠是村里的大宗祠，始建于明代，为纪念开村始祖曾文孙而建造。它在村里的建筑中，体量最大，装饰工艺最精湛，保存状况最好。

文孙曾公祠门前挂的一副门联"五代联科甲，一贯绍渊源"，说的是曾氏一门五代考取功名的辉煌，很好地诠释了港头村的钟灵毓秀、人杰地灵。

2008 年，港头村古建筑群被列为花都区文物保护单位。

2012 年，港头村被公布为第三批广东省古村落。

2014 年，港头村被评为广州市第三批美丽乡村、第三批中国传统村落。

（七）缠岗村古村落概况

缠岗村，曾名缠冈塘村、缠冈村、缠溪村等，位于赤坭镇西面，与清远市清城区交界，地处山前大道中国美林湖旁边，为花都最西端的一个古村落。它东连白石村，南邻白坭村，西接国泰村，北临清远市石角镇七星村，面积约 9.61 平方千米，下辖 4 个自然村，共 12 个经济社。缠岗村是 4 个自然村中的大村，因村庄立于 3 个高高的岗地上，四周是低洼的水塘与河涌，河水缠绕高岗而得名。村中有罗、刘、杨、伍、黄和李等姓氏，立村已有 500 多年。

缠岗古村坐北朝南，建筑占地约 3.5 万平方米，村面阔约 300 米，巷深约 150 米。现保存较完整的古建筑有 20 座，以宗祠、书舍和厅堂为主。村中民居约 80 座。这些古建筑中最具代表性的民居是诒谷别墅。诒谷别墅建于清末民初，三间二进，为中西合璧风格建筑，建筑占地 200 平方米，主体建筑为砖木结构，后设有走廊式阁楼，次间高二层，木板间楼面。

缠岗村有罗、刘、杨、黄、李和伍六姓村民同居一村，最初由刘姓村民迁入，继而是杨姓、李姓、伍姓、黄姓村民，罗姓村民是最后迁入的。虽然罗姓村民最后迁入，但是其人口发展得最快。六姓村民一直以来亲如兄弟，民国期间建造了和合公祠，用以奉祀六姓的祖先。该祠堂三间两进，体量不算大，工艺不算精，但它融合了"和合"的文化理念，有着深厚的文化意蕴，体现了六姓村民和谐共处的人文精神。和合公祠因六姓同建，故堂号名为"六德堂"，又称"六合堂"。缠岗村人崇文尚学，遵循"六德""六合"的祖先遗训，不同姓氏守望相助，和睦相处。

在节庆活动方面，重阳节是缠岗村最热闹的节日。在这一天，重阳登高、太公分鱼和大摆筵席的习俗延续至今。

2006年，缠岗村被列为花都区17条古村落之一。

2014年9月，缠岗村被公布为第一批广东省传统村落。

2015年3月，缠岗村被公布为第四批广东省古村落。

（八）蓝田村古村落概况

蓝田村位于花都区赤坭镇西南部，面积约15.6平方千米，东临荷塘村、荷溪村，西连鲤塘村、松岗村，南靠炭步镇，北接白坭村。蓝田村水陆交通方便，境内有广（州）清（远）公路、白坭河穿境而过。蓝田村始建于明朝，立村已有500多年。村中姓氏较多，有周、谢、刘、黄、李、罗、文和陈等 20 多个姓氏，世居村民广府、客家民系各半。

在蓝田村众多自然村中，年代最久远、规模最宏大、规划最齐整、保护最完好、环境最优的要数新村，2015 年，新村获评第四批广东省古村落。

新村，原名赵新溪村，为赵姓人所开，之后有周、文、陈、李、梁、程、罗、廖等姓氏陆续迁来。后由于村中赵姓人数较少，村名便由赵新溪村改为新村。多个姓氏在此和睦相处，安居乐业。新村是典型的广府民居布局，坐西朝东，平面布局呈梳式，建筑之间由冷巷间隔，平整规肃，古意盎然。

新村以南北两端陈姓和李姓的 2 座祠堂为村的主要建筑，2 座祠堂中间为 10 列民居及家塾等建筑。各列民居单体建筑前后相连，各以冷巷间隔，整齐划一，古民居与祠堂构成一组规模庞大的建筑群。每到新春佳节，这里都会举办丰富多彩的民俗活动，例如舞狮、聚福、投灯和游灯等。

蓝田村依托自身优势，借省、市创建生态农业、美丽乡村和乡村振兴战略的契机，重点打造了"志惠农场"特色小镇，融新型农业科普、休闲观光和生态旅游为一体。古雅宁静的蓝田村在新农村建设中焕发出新的光彩。

2014 年，蓝田村被评为花都生态农业示范园。

2015 年，蓝田村被评为第四批广东省古村落。

2016 年，蓝田村被评为广州市第十批文明示范村、广州市第三批美丽乡村，并与鲤塘村、莲塘村被评为广东省新农村示范片。

（九）马溪村古村落概况

马溪村位于花都区秀全街南部，面积约 6.5 平方千米，东隔新街河与白云区罗溪村相望，西至花都汽车城，南起巴江河畔的渔民村旧址，北至岐山村。马溪村交通便利，南面为巴江河、新街河交汇处。花都港便坐落于此。村庄始建于南宋，至今约有 800 年历史。世居村民为广府民系，主要姓氏有姚姓、黎姓、林姓、曾姓，通用语言为粤语。

马溪村的历史源远流长，村里祠堂、里巷和书舍众多，其中保存较完整的古建筑有宗祠 10 座、古庙 1 座、书舍 1 座、民宅 1 座。

在马溪村，比较有名的古建筑有镇龙古庙、林氏宗祠和霭云别墅。镇龙古庙属西河社林姓所有，位于镇龙岭南麓，坐北朝南，三间两进，始建于清嘉庆年间，于光绪二十五年（1899）重建。古庙广泛饰以石雕、砖雕、木雕、陶塑、灰塑、壁画等工艺，以镬耳冲天凤翅状山墙最有特色，且古庙所有柱子均刻有楹联。林氏宗祠坐落于巴由山西麓，始建于清康熙二十七年（1688），三间两进。霭云别墅位于西河社中和里，坐北朝南，为两幢砖木结构房子。

马溪村共立有祠堂 15 座，现存 10 座，其中 5 座为姚氏祠堂，3 座为黎氏祠堂，曾姓只有曾氏宗祠，林姓只有林氏宗祠。这些祠堂大多建于清朝中后期，黎氏宗祠和西湖姚氏公祠保留着明显的明代建筑痕迹。

马溪村历来文脉兴盛，史上名人辈出，乡绅商贾、军营将校、农运志士、学士名医等英才辈出。例如，乡绅林耀门秀才出身，家风承继，教导有方，儿孙或从政经商，或行军打仗，卓有成就。林耀门的孙辈更是秉承祖训，奋发上进，各有建树，其中以林辉年、林铸年、林桂年和林伟年最为著名，均获得少将以上军衔，谱写了"一门四将"的传奇。林宝宸（1881—1924）又名林炽，马溪村人，是农民运动志士。关于林月初与其父亲林文亭，则流传着"杏林父子"的佳话。

2016 年 10 月，马溪村被评为第五批广东省古村落。

（十）莲塘村古村落概况

莲塘村又称西莲塘、莲溪，位于赤坭镇西部的巴江九曲河畔，南邻佛山三水赤岗村，西接佛山三水长岐村，东邻鲤塘村，北靠门口坑村，管辖莲塘、陂塘、官坑、小迳 4 个自然村，面积约 14.56 平方千米，世居村民主要为广府人。莲塘村主要姓氏为骆姓，另有卢、钟、邓、吴、黎、冼、甘、赖、韦、张等姓氏，立村已有600多年。据族谱等资料记载，莲塘村各姓氏大多从明代迁入，骆氏来自炭步骆村，卢氏来自城郊神山，钟氏来自佛山三水，甘氏来自佛山顺德。

莲塘村文化底蕴深厚，文物遗存丰富，民俗活动活跃。现存有祠堂、书舍、民宅、洋楼、巷道、炮楼、门楼、亭阁、桥梁、河流、水塘、井泉、古树名木等，组成村落的单元保留完整。现存较完整的古建筑约有500座，其中祠堂13座。这些祠堂大多为三间三进，青砖灰砂筒瓦，有"人"字山墙，也有镬耳山墙，广泛运用石雕、木雕、砖雕、灰塑、壁画等装饰工艺。从莲塘村的俯瞰图可以看到，莲塘村古建筑存量多、规模大。

官坑村是莲塘村的一个自然村，其建筑非常整齐，坐东朝西，前低后高，平面布局呈梳式。村面阔约300米，巷深约120米，建筑面积约5万平方米。村面有包括祠堂、书舍、民房在内的古建筑约50座。祠堂、书舍多为三间三进，"人"字或镬耳封火山墙，灰塑龙船或博古脊。民居大多为三间两廊式结构。各列民居以冷巷间隔，现存古巷15条。

莲塘村的民俗活动丰富多彩且独具特色，有神诞做大戏、春节投灯游灯和舞狮、农历十月二十八日聚福等活动。

2014年，莲塘村获评广州市名镇名村。

2015 年，莲塘村被中央政策研究室和农业部定为全国农村固定观察点，与鲤塘村、蓝田村获评第三批广州市新农村示范片。

2016 年，莲塘村获评第五批广东省古村落、第三批广州市美丽乡村示范村。

2017 年，莲塘村与蓝田村、鲤塘村获评广东省新农村示范片。

（十一）洛场村古村落概况

洛场村地处花山镇东部，总面积 2.739 平方千米。洛场村交通便利，区位优势显著。村民的姓氏以江姓为主，小部分为陈姓。洛场村立村已经 500 多年。

洛场村是广东省著名的华侨之乡，现旅居海外的侨胞和港澳同胞达 5000 人之多，侨胞遍布欧美和东南亚等 100 多个国家和地区。这些侨胞凭着刻苦勤劳的拼搏精神，发挥华人的智慧与胆识，在异域闯出一片新天地，并逐渐融入当地的主流社会，成为政治上有地位、经济上有实力、科技上有建树、社会上有影响的名流，如余江月桂、江起鹏等人。这些侨胞时刻不忘自己的华人身份，心系家乡，热诚地捐资、献力支持革命和家乡建设。

洛场村的华侨建筑，形态庄稳，装饰华美，兼具中西建筑风格。现存华侨碉楼约 50 座，其中以"飞机楼"

为代表的华侨楼群尤为闻名。这些碉楼既保留了中国传统建筑的特质，又融入了西方近现代建筑的元素。外观上，碉楼多为长方形，花岗岩墙脚，青砖墙，整栋楼房坚实牢固，既宜于居住，又便于防御。碉楼形状各异，村民根据它们的形状逐一给碉楼起名，如"斑马楼""飞机楼""坦克楼"等。碉楼的用途也不一样，绝大部分是侨民住宅，也有一部分是公用的，例如美成小学和修业学校等。洛场碉楼因其独特的外形及坚固耐用的建筑材料，历经百年而愈久弥坚，仍以高姿态挺立在古村里，形成了一道亮丽的侨乡风景。这些独具建筑特色的华侨楼群与村中祠堂、广府民居错落布局、相得益彰，成为洛场村独有的文化标记。

2016 年 10 月，洛场村被评为第五批广东省古村落。

下　编

花都区古村落文化
与老年游学

一、诗礼传家·塱头村

（一）历史沿革·塱头村简介

　　塱头村位于花都区炭步镇西南，为黄氏一族单姓村落，立村已有650多年。相传，黄氏始祖原居住地是湖北江夏，开姓距今已有4000多年历史。黄氏宗族于南宋末年沿水路从珠玑巷南迁至广州北郊神山镇。黄氏始祖黄仕明于元至正二十七年（1367）迁塱头立村，在此扎根落户，繁衍生息。当时塱头属南海县，处于北江支流的冲积平原带，河汊纵横，湖泊密布，地处低洼。塱头村地理位置特殊，自然资源丰富，村民生活相对富裕，较早开启了文化教育，深受儒家传统熏陶，族人每代均有考取功名者，流传着"七子五登科""父子两乡贤"等诸多名人典故，可谓"文章华国，诗礼传家"，形成了以"忙耕闲读"为特色的宗族文化传统。

　　由于村民居住的地方南面是大片的湖泽，村子就立于湖边的小岗上，故名"塱头"。到了立村的第五代，宗族主事黄宗善高瞻远瞩，对村落做出了长远的规划，在原风水格局的基础上纵横拓展，形成了一个布局合理、规划统一、规模宏大、极具岭南特色的传统广府村落。塱头村历经650多年的沧桑巨变，始终保持着独特的岭南古村落的特色。

现村落建筑主要为明清两代建筑特征，保存完整的青砖建筑有330多座，其中祠堂、书院（室）30余座，牌坊1座，桥梁1座，炮楼、门楼6座，民宅300多座，巷里20多条，其建设规模、建筑工艺和保存完整性均为花都古村落之首。

近年来，借"乡村振兴战略""美丽乡村"和"文旅融合"之东风，塱头村非常注重文化的活态传承，通过举办"古村落保护与发展"专题研讨会、各类民俗节庆活动和发展文化产业等方式，实现了古村落的文化传承。

与文化融合：引进了许多文化机构，如明伦书院、古村书画室和文化乐旅等。

与教育结合：举行开笔礼活动、创建古村德育基地和青少年研学基地等。

与文明携手：创建新时代文明实践主阵地和廉洁教育基地等。

塱头村拥有较为丰富的非物质文化遗产，至今保留着传统的民间习俗和节庆活动，有助于我们更好地了解古村落的历史变迁。因此，做好古村落的保护工作，挖掘其中的优秀传统文化元素，成为重要的课题。

20多年来，塱头古村落的保护与发展取得了突出的成绩。塱头村自2000年被公布为广州市内部控制历史文化保护区起，先后被公布为花都最佳历史古村落、广东省古村落和广东省历史文化名村。此外，在文旅融合和乡村振兴背景下，塱头村还被公布为广州市特色古村落、广州市第三批美丽乡村试点村、广东省旅游名村和国家 AAA 级旅游景区。

今天的塱头村实现了古村落的保护与发展，走出了一条"保""用"并举的新路子，成为花都文旅事业发展的一张闪亮的文化名片。

（二）历史人物·塱头村的乡贤黄皞

黄皞是花都历史上较为杰出的人物。

黄皞是塱头村黄氏第十四世祖，字时雍，号栎坡，生于明正统庚申年（1440）。成化元年（1465）考取乙酉科举人。弘治十二年（1499），升任江西右参议，督理粮储，莅事明敏。正德三年（1508），擢升云南左参政，政绩颇佳。他一向勤政为民，清正廉明，铁面无私，民间称颂其为"铁汉公"。后来皇上得知黄皞办事公道、刚直不阿，称他为"铁汉吏"，赐给官袍，一时传为佳话。

归乡建桥

正德二年（1507），刚直不阿的黄皞为宦官刘瑾所不容，于是辞官归乡。在家乡，他见村前有一条河涌阻隔，村民出入只有一座独木桥，每逢大雨，河水上涨，木桥经常被冲垮，行人一不小心就会掉入河涌，出行极为不方便，于是他便出资建了一座名为"青云桥"的石桥。桥西侧嵌一石匾，刻有阴文"青云"二字，字大盈尺，笔力苍劲，为黄晬手书，上款刻"前明乡贤栎坡公建"，下款刻"光绪癸巳（1893）阖乡重修"。1956年桥面被改作渡槽，近年又恢复了光绪年间重修时的模样。

青云桥在光绪年间重修竣工之日，文人雅士远道来游，拜"铁汉公"图像。民国《花县志》收录了花山新和村文士利普撰写的《重修青云桥》一诗，诗云：

丫山之麓横潭西，长虹宛水横天梯。

淋漓大署青云题，往来道周相扳跻。

此桥借问缘谁置？父老争传"铁汉吏"。

京华供职廿余年，为忤权奸官遂弃。

挂冠林下虽食穷，利物济人犹此衷。

割鸡岂碍牛刀试，不忍病涉旋鸠工。

三百年来石梁折，后人重踵前人辙。

江水泱泱清且长，想见高风与亮节。

有云此桥尚形胜，建之明年起参政。

满门簪笏递延绵，皆视此桥作福命。

公之高明古所无，用行舍藏忘荣枯。

患得患失事游谬，而谓贤者为之乎？

因之遇物觇负抱，小小设施皆大道。

君不见白公水闸樊公渠，前贤岂为邀福造？

这首诗颂扬了黄皞建桥便民的善举，叙述了他仕途多舛的命运，展现了他高风亮节的操守。

奉旨放木鹅

塱头村有一座乡贤栎坡公祠，为纪念"铁汉公"黄皞而建。祠堂的神楼拜台上摆放着大理石做的香炉、烛台、聚宝盆等祭器和一只木头做的鹅，这里流传着一段传奇故事。

据传，黄皞复职后，由于政绩显著，正德皇帝颁旨嘉奖，赠给他一只木鹅，让他带回家乡，准他将木鹅放到家乡的河中漂流三天，木鹅漂到哪里，哪里两岸旁边的田地便归他所有。黄皞奉旨将木鹅放入河中，但他一想，如果任其漂流三天，那么他将要占有大量田地，于民不利。他不忍多占田地，于是暗中找了个小孩游到河中把木鹅引入赤坭镇缠岗村的一口塘中停下，这才不至于把大量土地占为己有。

今天，青云桥得到了复原，鲤鱼涌得到了疏浚，乡贤栎坡公祠得到重修并被辟作花都廉洁教育基地，继续传诵"铁汉公"的故事。

（三）建筑艺术·塱头村的和谐古建筑

古代建筑是中华优秀传统文化的重要载体。塱头村的古建筑群规模宏大，现保存完整的明清时代青砖建筑有330余座。其中有祠堂、书院、书室、书舍等建筑近30座在村面一字排列，气势恢宏，蔚为壮观，充满着浓浓的文韵书香气息，彰显了当地耕读为本和崇文重教的风气。

塱头古村，无论是河涌水塘还是桥梁巷里，无论是祠堂书院还是民居宅第，无论是建筑构件还是装饰工艺，处处蕴含着幸福美好的文化元素，寓意着吉祥如意的朴素情感。古朴的人文建筑与优美的自然环境构成一道和谐宁静的乡村风景。

塱头村的祠堂、书院和民居，普遍建有镬耳封火山墙（见图2-1）。例如，渔隐公祠、留耕公祠、以湘公祠、谷诒书室和"积墨楼"民居等，一般将这些建筑统称为"镬耳屋"（也称"锅耳屋"）。镬耳山墙基本为黑色，在五行中为水，能克火，具有防火作用，能有效阻止火势蔓延祸及邻居，体现了邻里相互照应的亲切人文关怀；同时，它增加了建筑物的空间层次感，形成高低跌宕的美感。这种山墙因形状像古代煮食的镬的双耳而得名，蕴含了"民以食为天"的农本思想，又因像古代的官帽而被赋予了更深一层的含义，有"独占鳌头"的寓意。

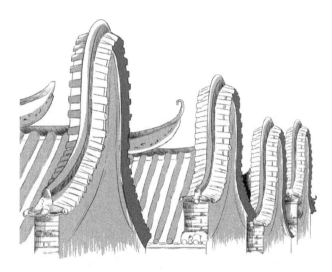

图2-1 "积墨楼"镬耳山墙

古民居——积墨楼

塱头村著名的古民居为"积墨楼"。这是一组三间两廊式民居，这种典型的岭南传统民居建筑形制，主体建筑为三开间，前带两廊和天井。三开间中者为厅堂，设有神楼，用以供奉祖先神位，体现了当地慎终追远的传统美德；两侧为房，子女长大后可从中间一分为二，方便兄弟姒娌和睦相处。两廊设门通外，开门通风，闭门聚气，具有冬暖夏凉的作用；屋面比主屋低，前低后高，既利排水，又有后来居上的含义。天井四周屋面有一侧内向，雨水落入天井，由暗渠汇入村前水塘，称为"四水归源"；天井与廊连接的一面以高墙围砌，称为"照壁"，能挡住主屋财气不往外泄。由此构成一个既通风聚气又开合自如的三合院。

古　桥

在塱头村的前面有一条河涌，村里的举人黄皞将村前这条河涌命名为"鲤鱼涌"。它西通"深潭"，东接巴江，最后汇入珠江。河涌上没有桥梁，给村民进出带来诸多不便。明正德二年（1507），该村明成化进士、享有"七子五登科""父子两乡贤"等美誉的乡贤黄皞，出资在鲤鱼涌上修建了一座石孔桥，取名"青云桥"，寓意"鲤跃龙门"就能"平步青云"，寄望村中子弟像早春的河鲤一样力争上游，有朝一日跃过"龙门"，名扬身显，勉励族人发奋读书、考取功名、光宗耀祖、报效国家。

黄皞建青云桥，一是为村人提供出行的方便，二是对族人寄予深厚的期望。

水塘与巷里

塱头村每个社前面都有一口半月形的水塘，俗称"风水塘"，不仅起到排水、去污、纳凉、消防等作用，还活化了村落环境，寓意"风生水起"，使村子充满灵动气韵。

该村现存 20 多条巷里，前低后高，狭长、通风、阴凉，俗称"冷巷"，又称"青云巷"，寓意"青云直上，步步高升"，取名善庆里、新园里、敦仁里、丛桂里、三馀里、兴仁里、安居里、近光里、永福里、益善里、仁寿里、泰宁里、福贤里和西华里等，寓意颇深。

古 祠

祠堂是宗族的象征，更是游子乡愁的寄托。塱头村现存 8 座祠堂，均坐落在村中重要的位置。祠堂的每一方寸都寄托着族人美好的愿望，其建筑装饰工艺主要有壁画、灰塑、砖雕、石雕和木雕等，琳琅满目、富丽堂皇，尽显和谐之美。题材以神话传说、民间故事和吉祥图案等为主，象征子孙昌盛、宗族繁荣、国家兴旺，体现了人们对太平盛世、美好社会、幸福生活的强烈向往和热切追求。以下简单介绍友兰公祠和乡贤栎坡公祠。

友兰公祠供奉着塱头村黄氏第十五世祖黄学基。黄学基（1468—1529），号友兰，为乡贤黄皞长子。2002年9月，广州市人民政府将友兰公祠公布为文物保护单位。

友兰公祠坐北朝南，三间两进，总面阔12.2米，总进深39.4米，建筑面积502平方米，"人"字封火山墙，灰塑博古脊，碌灰筒瓦，青砖墙，花岗岩石脚，红泥阶砖铺地。门前地坪宽阔，有一口半月形的水塘。头门面阔三间12.2米，进深两间5.4米共九架。前廊双步，前后各有2根石檐柱，正脊以群狮灰塑图案作装饰，封檐板木刻成绸带状，混边纹饰繁复，精雕细琢，题材广泛，主要有梅竹雀鸟、宝鸭穿莲、鱼蟹丰收、蝶恋花、雀鹿图、兰花、葡萄等精美的图案。图案之间还有多种形式的诗句，其中王之涣的《登鹳雀楼》、李白的《早发白帝城》、刘禹锡的《陋室铭》等诗文的名句引人入胜。

乡贤栎坡公祠列于塱头村黄氏祖祠、云涯公祠、渔隐公祠、景徽公祠、留耕公祠等明清两代众多的古祠之中。乡贤栎坡公祠始建年代不详，清光绪元年（1875）重建，坐北朝南，三间两进，总面阔12.5米，总进深24.3米，建筑占地317平方米，"人"字封火山墙，碌灰筒瓦，青砖墙，红泥阶砖铺地。当时，始建选址往往注重风水，因此朝向常常不是正南正北，而是经风水师勘定的特殊角度。布局基地方正，负阴抱阳，符合风水观念中宅、村、城镇择址的基本原则和格局。整体上看，乡贤栎坡公祠的平面布局和空间组织对外封闭、对内开敞，采用严谨的中轴对称布局，以寓含自明代以来倡导的伦理和礼制秩序，结合天井组织院落和建筑，跌宕起伏，井然有序，构成有机的整体。

 ## 知识拓展：中国古建筑文化

中国古建筑根植于深厚的中华优秀传统文化，具有独特的魅力和特色，因而显著区别于其他国家的建筑风格。

无论是宫殿建筑、祠堂庙宇还是地方民居，都追求天人合一的东方哲学，既注重伦理礼教，又注重艺术形式，是最具代表性的中国传统艺术形式之一，是世界建筑文化的重要组成部分。

中国古代建筑的杰出代表有故宫、长城、天坛及各地特色民居。故宫是中国明清两朝的皇家宫殿，旧称紫禁城，位于北京中轴线的中心。故宫于永乐十八年（1420）建成，是世界上现存规模最大的宫殿建筑群，至今已有600余年。叶朗先生等人认为，长城是人们为实现和平的愿望而修建的，是和平的象征。天坛是明清两朝皇帝每年祭天和祈祷五谷丰收的地方，是我国现存的最大的祭坛建筑群。天坛以严谨的建筑布局、奇特的建筑构造和瑰丽的建筑装饰享誉世界。天心石、祈年殿、回音壁都是天坛的重要标志物，无一例外地体现了人们对天的敬畏和崇拜。地方特色民居有北京的四合院、西北地区的窑洞、以马头墙为特色的徽派建筑、西南地区的吊脚楼和福建客家的土楼等。这些民居各具特色，呈现出丰富多彩的建筑风格。

（四）民俗风情·塱头村的节庆活动

塱头村各类民俗活动丰富，有投灯、醒狮和"烧禾楼"等。这些民俗节庆活动，既丰富了村民的生活，又凝聚了民心。

投 灯

在粤语中，"灯"与"丁"为谐音，"投灯"谐音"投丁"，寓意得男丁。传统的投灯活动多寓意得男丁。如今，随着时代的发展，投灯逐渐成为村民对美好生活的一种向往与寄托。每盏灯都被赋予了不同的名称，比如状元灯、长寿灯、顺风灯等。名称不同，寓意不同，例如，状元灯是希望子女金榜题名，考出好成绩。

投灯过程中，村民们在灯棚上悬挂数十个造型各异的灯笼，由几名长者敲锣打鼓，赞唱祈求拥有丁、财、贵、寿、全等的美好生活。在一年一度的元宵灯会上，人们为求好意头，竞出高价，再赞再加，花灯由价高者得，场面热闹非凡。

"烧禾楼"

每年中秋，炭步镇都会在塱头古村举行"烧禾楼"的传统风俗活动。村民把"禾楼"砌成 3 米高的瓦塔，把炭放进 3 米高的"禾楼"烧红，再放进柴枝和干草，点燃后拿长竹竿把火撩旺，同时，不时往火上面撒些粗盐，使其发出噼里啪啦的声音，火越烧越旺，最后火从塔身的空隙冲出，变成了火龙直冲云霄，引来欢呼声一片。

"烧禾楼"寄托着村民对来年美好生活的心愿，火花烧得越高，寓意来年生活越好。据传，"烧禾楼"这一习俗与反抗元兵的义举有关。元朝建立王朝后，对汉人进行了粗暴的统治，为了反抗元朝的粗暴统治，各地汉人相约中秋节起事，以在宝塔的顶层点火为信号，类似于在烽火台点火起事。后来反抗虽被镇压下去，却遗存了"烧禾楼"这一习俗。

除了投灯、"烧禾楼"等活动外，塱头村还有很多丰富多彩的民俗活动，展现了岭南古村的风土人情。这些民俗节庆活动是传统文化的重要组成部分，体现了当时的劳动人民对于美好生活的向往，黄氏宗族也通过活动凝聚了人心。

（五）游学活动·游古建 听南音 做美食

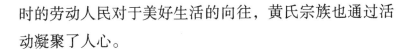

游古建

塱头村里有祠堂、书院、书室和书舍等建筑近30座在村面一字排开，气势恢宏，蔚为壮观，渗透着浓郁的文韵书香气息，体现了当地耕读为本和崇文重教的风气。古建筑旁边是荷塘，每到夏天荷花开放，景色最为亮眼。古朴的人文建筑与优美的自然环境构成一道美丽的乡村风景。让我们漫游在古建筑之中，领略古建筑的艺术之美吧！

听南音

粤剧由戏台官话逐渐改为广东话时，南音被作为一种板腔吸收进粤剧、粤曲中。南音说唱又称"南音"，大致在清代中叶形成，流传于珠三角地区，以广东白话表演，是与流行于闽南地区的南音重名但实不相同的另一个曲艺品种。

炭步镇塱头村依托广州老年开放大学花都学院的资

金支持，将南野公书舍辟为曲艺社。曲艺社成员基本上都是离退休老人，他们因为热爱粤曲而走到了一起。每逢节假日，他们义务宣传演出，吸引了不少游客驻足观望。例如，在 2020 年的重阳佳节，塱头村组织了粤剧南音表演活动。更多的粤剧南音曲目可以登录哔哩哔哩、酷我音乐、QQ 音乐等进行了解，搜索"粤剧南音"即可。您也可以关注"炭步旅游"公众号，了解更多的活动。

塱头鱼酱是塱头村的一道传统美食。相传，在广州市花都区炭步镇水塘颇多的塱头村，自古以来就有打鱼分鱼的习俗。为了保证分鱼的公平，有人建议将鱼连骨带肉煮成酱。为了保鲜，村民在鱼酱中加入猪油和面豉（黄豆制成的酱，用来调味），味道非常鲜美。如今，这道流传了几百年的鱼酱菜式在塱头村仍旧存在，无论是祭祖、敬老、喜宴还是家常便饭，都离不开它。

 知识拓展：饮食文化

饮食不只是生活的一部分，也是文化的一部分。正所谓"民以食为天"，中国的饮食文化蕴含了中国人的民俗风情、生活态度和人生智慧。《舌尖上的中国》作为由中央电视台出品的一部大型美食纪录片，深受观众朋友的喜爱。几千年的农耕文明孕育了中国特色的饮食文化，勤劳且智慧的中国人民是中国美食的创造者。

中国地广物博，饮食的地域特色鲜明。然而，无论何地的饮食，都彰显了天人合一的东方哲学和中医营养养生学说。中国饮食文化还融合了民族血脉和家的味道，凝聚了宗族的力量。一代又一代的中国人用心烹制食物，遵循"精、美、情、礼"饮食文化的内在要求，一餐一食之间尽显中国优秀传统文化。例如，北京的烤鸭、重庆的火锅、长沙的臭豆腐、广州的肠粉都是各地美食的优秀代表。

伴随历史的发展，中国的菜肴也出现了许多流派。目前，比较公认的说法是"八大菜系"，它们分别是鲁菜、川菜、苏菜、粤菜、闽菜、湘菜、浙菜和徽菜。每一菜系都有它自己的历史故事，甚至每个菜名都流传着一段佳话。

（六）老有所为·保护与传承

随着城镇化的快速发展，古村落遭到了前所未有的破坏，正在以惊人的速度消失。近年来，国家出台了古村落相关保护政策，取得了较好的成效。古村落是每个中国人的精神家园。保护古村落，人人有责！作为国家级传统村落、广东省级古村落，塱头古村的保护工作意义重大。

古村落保护

塱头村拥有丰富的历史文化资源，古祠、古巷和古桥处处都是传统文化的缩影。看看我们老年朋友能为保护塱头古村做些什么吧。

主题讨论区：

主题一：我们为什么要保护塱头村？

主题二：保护塱头村，保护的是什么？

主题三：我们应该怎样保护塱头村？

古村落文化传承

任务 1：请选取您最感兴趣的一处塱头村古建筑进行拍摄，并为它写一条宣传语，助力古建筑文化的传承吧！

任务 2：请选取您最喜欢的一处塱头村古建筑，为其撰写一段解说词，并录制成音频，分享在社交平台上，让更多的人了解并走进古村落，传承古村落的传统文化。

二、祠庙同臻·茶塘村

花都旧时有"塱头桥，茶塘庙"之说，说明这"一桥一庙"在当地很有名气。其中，"塱头桥"指的是炭步镇塱头村的青云桥，而"茶塘庙"指的是什么呢？让我们走进茶塘古村，探寻茶塘庙的故事吧。

（一）历史沿革·茶塘村简介

茶塘村村民大多姓汤。汤姓先祖认为本族姓氏为水旁，要繁衍壮大，必须选择水源丰富的地方安居。因此，汤姓先祖先后从南雄珠玑巷迁至南海、石湖，最后定居于河湖密布、水道纵横的茶塘，因茶亦为水，塘能容之，故取名"茶塘"。

相传，茶塘立村前，因石湖村的汤姓氏族日渐繁盛，为了满足家族不断发展壮大的需要，汤氏必须在石湖之外寻找新的地方安居，汤逸时便谋划着寻觅他处结庐。一日，他站在一个叫白坭山的高地上，放眼四望，试图找到一方理想之地。忽见远处一群嘲啾和鸣的仙鹤在长空中飞舞，最后降落在一处湖泊遍布的湿地上，悠然自得地嬉戏。它们时而企足引颈，戏水欢歌；时而翩跹起舞，雀跃长啸。汤逸时见多识广，见此祥和景象，不禁暗自思忖：鹤既是一种长寿的仙禽，又是品德高尚的"一品鸟"，既有仁者翩翩君子之风，又有高士的仙风道骨，世人常把修身洁行的人称为"鹤鸣之士"。现在看见仙鹤飞临，实乃吉庆祥和之兆，此处必为祥瑞宜居之地。况且鹤习惯生活在河湖水泽，与他汤氏择水而居的命格十分相合！因此，立村之初，汤逸时请来风水师布局，以"鹤"形对村落进行规划，村面背东面西、由北而南，北社为头项，中社为胸腹，南社为殿臀，臀前土墩为足趾，呈鹤立之状。这片湿地就是今天的茶塘。

目前，茶塘村分为北、中、南三社，村尾有棵百年古榕，浓荫蔽日，树下放着数条石板凳。村前地坪开阔，3口古井分布在三社村面（立村时每隔一巷便有一口水井），村面的西面和正南各有3口水面宽阔的水塘，水塘前是广袤的农田和纵横的河涌，环境幽雅古朴。

村中建筑坐东朝西，占地6万多平方米，现存较为完整的明清建筑约120座，其中，庙宇、祠堂和书室（书舍、家塾等）共20多座，其余为三间两廊结构的民宅，民宅现大多有人居住。

村面建筑以庙宇、宗祠及书室（书舍、家塾等）为主，形貌精良，大多建于清代，多为三间三进或三间两进格局，镬耳封火山墙或"人"字山墙，灰塑博古脊或灰塑龙船形脊，碌灰筒瓦。建筑广泛采用石雕、砖雕、木雕及灰塑等装饰，工艺精细，保存较好。单体建筑以冷巷相隔，现存古巷 16 条。古巷的铺砌较为随意，有红砂岩、花岗岩、石头及泥路面，侧砌排水沟。巷口原建有门楼，门楼上均刻有巷名。现仅存足征里、光宗里、德星里、抡秀里、"为善最乐"及"洞天深处"等门楼。其中，足征里被村民称作"财主佬巷"。现存古民居 16 座。

近年来，在广州市和花都区两级政府的支持下，茶塘村内的古建筑得到了全面的修葺和保护。2009 年，茶塘村被评为第二批广东省古村落。

（二）建筑艺术·茶塘村的祠堂庙宇

祠堂，是家族系统的一种硬标志，是一个宗族的精神核心。祠堂以血缘为基石，以亲情为纽带，穿越漫长的时空隧道，使人们得以与祖先保持精神沟通，成为人们的心灵依归。祠堂建筑往往集中了全族的人力、物力和财力，因而成为村落中最重要、最高大、最辉煌的建筑。

祠堂建筑始于西汉，到了晋代，朝廷严令禁止建造。东汉曹操开创官员按等级建家庙的先河。隋唐时期，政府规定官至五品以上才可建家庙。南宋以后，民间祠堂开始出现。明嘉靖年间，政府虽允许民间建联宗祠堂，但是对其规制有诸多限制。清雍正时期，官府担心民间利用祠堂联乡结党危及朝廷，因而对祠堂的管制更加严厉，于是民间便出现了大量以书院、书斋、书舍、书室、书塾和家塾等为名目的祠堂。这些以"书"字为名目的建筑，村民称之为"厅堂"，其实就是严令之下祠堂的衍生物，与祠堂起着相同的作用。

茶塘村的祠堂现存 10 座。其中，明峰汤公祠、友峰汤公祠、万良汤公祠、万成汤公祠 4 座祠堂建筑工艺最精细，广泛采用木雕、砖雕、石雕、灰塑、壁画等建筑装饰工艺，题材以神话传说、民间故事、吉祥图案为主，体现了人们对和谐社会、太平盛世、幸福家庭、美好人生的强烈向往和热切追求。厅堂现存 14 座，其中，肯堂书室、南寿家塾、元颖书舍等建筑工艺较为精良。祠堂建筑集思想、文化、艺术于一身，每一方寸都寄托着人们的美好愿望，蕴含着丰富的文化内涵和珍贵的历史资料。在今天，尽管时代变迁，祠堂在帮助人们寻根问祖、缅怀先祖、激励后人、互相协作等方面依然发挥着积极作用。祠堂还有利于调解社会矛盾、整合民族力量、凝聚民众之心和促进乡村治理。

除了祠堂，茶塘村的洪圣古庙也是有名的古建筑之一。

洪圣古庙位于茶塘村南社，奉祀的是"南海广利洪圣大王"，民间称"洪圣大王"或"洪圣爷"。相传洪圣爷是南海之神，能使水不扬波而又有镇鬼治邪的法力。

洪圣古庙坐东朝西，广三路、深三进，左路建筑以青云巷相隔，为该村的"乡约"，里面保存该庙历次重修的部分碑记。"乡约"原指明清时期的乡中小吏，由县官任命，负责传达政令、调解纠纷和社会教化，后发展成依地缘关系或血缘关系组织起来的民间管理组织，人们称之为"乡衙门"。"乡约"建于茶塘，一来说明茶塘洪圣古庙在地方信仰中的地位，二来说明茶塘汤氏家族在地方政治中的统治力量。右路建筑为"乡约"和庙堂的膳房，呈"戽斗"形，寓意钱财有进无出。

洪圣古庙建筑形式独特，设有九级台阶，基座四平八稳又显气势，高高伫立在村的最南边。人们驻足观之只能仰视，祭祀更要拾级而上，愈显恭敬。

洪圣古庙广泛采用石雕、木雕、陶塑、灰塑等装饰工艺，整座庙堂富丽堂皇，充分显示了装饰工艺的精湛。前檐两根花岗岩柱浮雕上的蟠龙云纹，云龙玲珑浮凸，龙头在下而尾在上，龙头昂起作吐珠状，身体翻腾跃舞，神态生动逼真，既有威严神武的气势，又有欢迎香客到访之意，营造了庄严、华丽的庙宇气氛，使人没进庙堂便心生敬意。前廊梁架雕有戏曲人物、松树、花鸟和"福禄"等纹饰图案，封檐板的吉祥纹、戏曲人物等雕刻得更加生动传神。屋顶正脊是石湾陶塑，有二龙争珠、鳌鱼鸥吻、亭台楼阁和舞台戏曲人物等，造型优美，工艺精细，层次分明。洪圣古庙的所有柱子都镶嵌了楹联，大门两侧联为"南国沐洪麻泽流花邑、海邦沾圣德惠普茶塘"，联文是"南海""洪圣""花邑""茶塘"的嵌字格，对仗工整，点出了该庙的位置与奉祀的神祇。

洪圣古庙奉祀的洪圣爷是一位水神，而茶塘汤氏也是以水为居。因此，古庙的设计者别出心裁，设计中广泛融入"水"的题材，其建筑及装饰蕴含着丰富的水文化。例如大门两侧的蟠龙柱、屋脊的二龙争珠和水形封火山墙；再如"雷公电母"与"鳌鱼鸱吻"的陶塑装饰以及"和风化雨"的门楼石刻。

（三）民间技艺·茶塘村的装饰工艺

茶塘村现存的祠堂与厅堂有 24 座，这些祠堂的装饰工艺是人们研究古村落传统文化的重要素材。其中，肯堂书室的装饰工艺尤为精湛，具有极高的文化价值。

肯堂书室门前设有一口风水塘，寓意风生水起。书室布局疏密有致，结构规整对称，空间上层层深入上升，有利于通风、纳阳和排水，官帽状的镬耳封火山墙更有"步步高升"的寓意。

在装饰工艺上，肯堂书室采用了木雕、砖雕、石雕、壁画等装饰工艺，题材有神话传说、民间故事、吉祥图案等，如"麒麟吐书""丹凤朝阳""福在眼前""观音送子""教子朝天""爵禄封侯""衣锦还乡"

"二甲加官""二品遐龄""三田和合""竹林七贤""八仙贺寿""香山九老"等，寓意子孙绵延、加官晋爵、富贵寿考、家庭美满、生活安逸等，每一方寸都寄托着人们美好的愿望。

当然，肯堂书室的装饰工艺远不止这些，还有书室的封檐板、前廊梁架、两个芜廊的花罩等，都雕刻着结构繁复、寓意深长的纹饰；墙壁上还有多幅以吉祥花鸟、传奇人物为题材的壁画，笔法有力，生动传神；檐柱的雀替和挑头还有多个石雕人物造型，雕工细致，形象逼真。这些都是智慧的祖先给后人留下的珍贵的文化遗产。

 知识拓展：民间艺术

在中华传统文化的历史长河中，闪耀着一些看似质朴却别有一番地方风味的艺术形式，诸如剪纸、年画、雕塑、刺绣、风筝和皮影戏等。这些民间艺术为中华优秀传统文化增添了无穷的魅力，充满着中国人对美好生活的无限向往之情。

剪纸分为南、北两派。其中，湖北仙桃（旧称沔阳）剪纸、广东佛山剪纸和福建民间剪纸属于南方派，海伦剪纸、庆阳剪纸、山东剪纸和陕西剪纸则属于北方派。剪纸一般以花、鸟、虫、鱼、草、木、龙、凤和鹤等题材来表达人们对吉祥幸福的希冀。随着剪纸艺术的发展，我国古代还形成了很多风俗，例如将剪纸用于灯笼的制作。

年画起源于古代的"门神画"，表达人们祈求神明保家护宅的愿望。中国有四大年画之乡，分别是四川绵竹年画村、江苏苏州桃花坞、天津杨柳青和山东潍坊杨家埠。其中，江苏苏州桃花坞和天津杨柳青并称"南桃北柳"。年画主要用于渲染春节的热闹氛围，表达人们对新年的美好祝福。

雕塑也是中国民间艺术的一种形式，根据雕塑材料的不同，可以分为砖雕、木雕、石雕和泥塑等。砖雕主要用来装饰寺庙、民居等，用龙凤呈祥图案表达人们对幸福生活的向往。木雕一般采用楠木、紫檀木和樟木等不易变形的木材雕刻。福建莆田是木雕的代表产地，享有较高的声誉。石雕的历史可以追溯到旧石器时代，最有名的石雕之乡是湖南浏阳。此外，福建惠安石雕、山东嘉祥石雕和河北曲阳石雕都是石雕的杰出代表。泥塑是用黏土为原料塑成各种形象的工艺。天津的泥人张和无锡的惠山泥人是有名的两大泥人艺术。

刺绣又称彩绣，是用针线在织物上勾勒出栩栩如生的艺术形象的工艺。我国是丝绸的故乡，刺绣便是一种与丝绸相关的民间艺术。刺绣在中国的历史悠久，古代宫廷中曾有专门负责刺绣的官员，汉代以后，刺绣逐渐成为民间女子的绝活。中国有四大名绣，分别是湘绣、粤绣、苏绣和蜀绣。

风筝又称纸鸢（花都人称为"纸鹞"），用竹子做骨架，用纸或绢糊成，以长线放飞。风筝最初作为信息传递的工具，后来慢慢变成孩童的玩物。清明时节放风筝是民间的一个重要习俗。山东潍坊是世界有名的风筝之都。潍坊的风筝具有内涵丰富、造型优美和做工精细的特点。如今，在潍坊，风筝不仅是一种产业，更是一种文化。

皮影戏是灯和影的艺术。无论是皮影的制作，还是皮影的表演，都需要高超的技艺。皮影戏被称为世界上最早由人配音的活动影画艺术，是戏剧形式的一种。我国的皮影戏为戏剧和电影的发展提供了参考。

（四）民俗风情·茶塘村的民俗活动

洪圣诞活动和"抢炮会"是茶塘古村的重要民俗活动。这些充满了浓郁的地方色彩的活动是民俗风情的集中体现，是中华优秀传统文化的重要组成部分。

洪圣诞活动

由于茶塘村地处低洼，暴雨和洪水常常对村民造成危害。每逢连场大雨或巴江河涨潮，农作物甚至村民房舍经常被水淹没，村民饱受涝灾之苦。为祈求平安、风调雨顺和水不扬波，村民集资修建了洪圣古庙，并在每年农历二月十三日的洪圣诞举办隆重的祭祀活动，希望得到南海神即"广利王"的庇护，逐渐形成了独特的洪圣民俗文化。

洪圣诞活动就是为纪念洪圣大王的诞辰而举办的。每年的农历二月十三日为洪圣诞辰，这一天，村民男女老少穿戴整齐，来到村前洪圣古庙祭拜，祈求来年风调雨顺、国泰民安、生活幸福。如今，洪圣诞活动成为茶塘村重要的民俗活动。

"抢炮会"

每年正月十六日，茶塘村都会举行一年一度的"抢炮会"。"抢炮会"活动一般设在洪圣古庙前的农田里，共有礼炮 15 门，每个礼炮上都有小藤圈，每个小藤圈上都写有吉祥的祝福语。参加的队伍由 18 队汤姓房亲醒狮队组成，每队有队员数十人。

早上 8 点，各队带着雄鸡和水果，先到洪圣古庙祭拜，然后在庙前表演武术和杂技，场面非常热闹。中午12 时，随着一声炮响，小藤圈从空中飞落，"抢炮"活动正式开始。活动中，队员们抢夺自己心仪的小藤圈。每次抢到小藤圈都要避开人群，跑到终点才算胜利。

"抢炮会"活动一般持续 3 小时左右，阵阵炮声逐渐把"抢炮会"推向高潮。结束时，胜利者在醒狮队的护送下，拿着小藤圈回村供奉，以求来年顺风顺水。

（五）游学活动·穿古巷 赏工艺 画壁画

茶塘村处于北江支流汇合的冲积平原带，土地肥沃，河汊纵横，湖泊密布。南迁的汤姓先祖根据姓氏特点，傍水而居，在此落地生根，繁衍生息。他们充分利用周边河网密布的特点，构筑水路交通航道，较早与外界从事商业往来，村民生活较为富裕。伴随着茶塘村商业的繁荣，店铺、作坊、钱庄等慢慢聚集，形成大大小小的街巷。历经几百年后，这些街巷在今天就被称为"古巷"或"古街"。

茶塘村的古巷在古村落的发展历史中占据了非常重要的地位。一条条古巷曾经为村民们的日常生产生活提供了便利，人们在古巷里进行商品交换活动。而正是这种交换活动，使茶塘村的商业得到迅速的发展，并形成了重商的文化底蕴，使得茶塘村成为炭步一带较为富裕的村落。可以说，古巷曾为这个村落的发展提供了能量和活力。村落在古巷的滋润下逐渐扩大和发展，古巷也越来越多。不同的古巷名称不同，风格不同，历史背景不同，故事也不同。慢慢地，若干条古巷便组成了古巷建筑集群，成为村落最重要的一部分，见证着村落的繁华与衰落。历经几百年的沧桑巨变，在今天，这些古巷成为人们研究古村落历史文化的重要部分。古巷蕴含着丰厚的历史文化底蕴，包括建筑文化、商业文化、民俗文化和饮食文化等。茶塘村现有古巷16条，其中以足征里最为著名，因为商业发达，足征里曾被人们称为"财主佬巷"和"华尔街"。财主佬巷两侧的房屋建筑十分讲究，统一为三间两廊，清一色青砖木瓦结构，现存16座，是该村古建筑保存最好的民宅。

让我们穿越古巷，穿越历史的空间，想象当年人来车往的繁华景象，探寻茶塘村商业兴隆、富甲一方的秘密吧！

赏工艺

茶塘村的装饰工艺精美，无论是壁画还是雕塑作品，都彰显了古人的智慧。以肯堂书室为例，有"麒麟吐书""八仙贺寿""拜相封侯"的木雕，也有"观音送子""丹凤朝阳""爵禄封侯"的石雕，还有"竹林七贤"的壁画和"福禄寿喜"的砖雕。欢迎爱好艺术的朋友来茶塘村欣赏精美绝伦的装饰工艺。

画壁画

壁画是茶塘古建筑重要的装饰工艺之一，分布在书室、祠堂和庙宇墙面之上。这些壁画题材丰富，有神话传说、民间故事和吉祥图案等，每幅壁画都寄托了村民们对美好生活的向往。

选择你最喜欢的一幅壁画作为参考进行绘画创作吧！

（六）老有所为·宣传与推广

走进茶塘村，可以看到古香古色的古建筑群，有祠堂、庙宇和书室等。这些古建筑的装饰工艺堪称一流，虽历经沧桑，但风韵犹存。茶塘村的建筑及其装饰蕴含着丰富的水文化，这与茶塘村的地理位置密切相关。茶塘庙的祭祀风俗和精湛的装饰技艺彰显了古代人们的智慧，每一处雕塑和每一幅壁画都蕴含着人们对美好生活的追求。让我们宣传古村落，推广古村落文化，一起为茶塘村代言吧！

您可以这样做：

宣传：

（1）选择茶塘村的某一处雕塑，讲解雕塑作品的寓意和背后的故事。

（2）为茶塘村录制一段小视频，宣传茶塘村古村落的建筑美、工艺美等。

推广：

（1）向亲朋好友介绍茶塘庙的故事和茶塘的水文化，引导亲朋好友了解茶塘的祭祀风俗。

（2）选择最喜欢的一处茶塘古建筑，深入研究其发展历史，挖掘其传统文化精髓，并撰写一篇游学日志，分享在社交平台上。

三、文成武德·藏书院村

藏书院村是一个文运亨通的风水宝地，此地的村民形成了良好的崇文传统和独特的耕读之风，出了众多文人学士，村子也因此而改名，应验了风水师"大开文运"的预言。然而，藏书院村村民还崇尚练武，喜欢"拳脚功夫"，尤其钟情于洪拳，洪拳已传承发展200多年。村民习文提升了思想，端正了品德；练武，增强了体格，磨炼了意志，可谓文成武德。在这个崇文尚武的村子里，这一动一静是如此的和谐，一文一武是那么的完美。

（一）历史沿革·藏书院村简介

藏书院村位于花都区炭步镇西南，与华岭村相邻，世居村民姓氏为谭姓。

谭姓先祖于北宋建隆年间从江西虔州迁至南雄，后从南雄珠玑巷迁至广东高明，再迁至广州郊区沙龙，明末再从沙龙分支而来到现址，立村400多年。

古人建村立寨，通过对天文、地理、水文、生态、景观等各种环境因素的综合评判，来确定村寨的选址、方位朝向和布局，确保务必寻得一处风水吉地，讲究依山傍水、藏风聚气，崇尚"左青龙、右白虎、前朱雀、后玄武"的格局，强调人与自然的和谐，体现天人合一之境。据村中老人介绍，藏书院村正是按照这个风水理念规划布局的。村中建筑呈次第升高布局，由低到高向后山延伸，既有利于通风、纳阳和排水，又增加了村子层层递进的空间美感，更有"青云直上，步步高升"的美好寓意。村前地堂有 3 口水井和面积近 30 亩的水塘，水塘外是广袤的农田，村头和村尾各有一座炮楼把守，其布局颇具防御功能，给人以安谧平和的感觉。藏书院村依山傍水，梳式布局，藏风聚气，蔚为壮观。这一布局体现了深厚的文化底蕴及其非物质文化内涵，为文旅融合发展提供了基础。

目前，随着美丽乡村建设的推动和乡村振兴战略的实施，藏书院村立足本村独特的资源优势，认真谋划总体思路，按照美丽乡村"一村一品"要求，制定了《藏书院村美丽乡村建设实施方案》。经过多年的努力，藏书院村新建了 1 个卫生站，修建了 2 座无害化公厕，建设了 1 个灯光球场等。

在经济发展方面，藏书院村农业以种植水稻、花卉和鱼塘养殖为主。

在文化学习方面，在花都区文化广电旅游体育局的支持下，藏书院村修建了文化书屋，现存书籍 3000 多册。此外，文化广场建设、绿道建设和古建筑文化底蕴挖掘等工作都进展顺利。藏书院村积极利用这些文化场所和设施，鼓励和组织村民们积极参与乡村文化娱乐活动，坚持以文化浸润村民的精神世界，不断提升村民的文化素质。

在洪拳传承方面，藏书院村将洪拳作为本村的重点文化品牌来打造。据悉，藏书院村习洪拳的有 400 多人，其中青少年 80 多人，练洪拳以健身、习武术以强体渐成风气。

在美丽乡村的建设过程中，藏书院村立足于本村实际，融合古建筑与自然风光的特点，正在焕发出新的光芒，面貌焕然一新。

（二）历史人物·藏书院村少将谭生林

藏书院村历史上名流迭出，高官政要、富商巨贾、文人学士等人才辈出。这里我们主要介绍民国陆军少将谭生林。

生平经历

谭生林（1903—2007），花都区炭步镇藏书院村人。他是民国时期 5 位获得少将以上军衔的其中一位，也是入选广州史志丛书《民国广东将领志》花都籍的 8 位将领之一。谭生林先后从黄埔军校第五期工兵科、庐山军官训练团及南京陆军步兵学校毕业，历任排长、连长、营长、团长、旅长、副师长、副司令等职务，1945 年 9 月获授陆军少将军衔。

投笔从戎　屡建奇功

谭生林在父亲维新思想的熏陶和革命思潮的影响下，从小就深怀救国救民的思想。眼看辛亥革命的胜利果实被军阀窃取，谭生林认为没有军事实力就不能巩固革命成果。于是，在 17 岁时他毅然投笔从戎，从此开始了沙场杀敌的戎马生涯。

1926 年，谭生林参加北伐军第四军，攻打武昌城时，担任攻打通湘门第三队爬城队队长（"爬城队"又称"敢死队"）。1936 年，谭生林在李汉魂率领的一五五师当团长，驻防潮阳县城，兼任潮阳、惠东、南山、普宁四县警卫队训练所主任。抗日期间，1939 年年底，谭生林回粤任广东省军管区司令部连连阳（即连山、连县、阳山）自卫总队少将总队长，在连县、阳山等地整训部队及修筑国防工事，保障了广东大后方的安全。

热爱祖国　关心桑梓

谭生林非常关心家乡人的生活和教育。1946 年，他热心创办学校，把赤坭镇荷塘村棠澍小学改办为巴江中学，还担任该校董事长。

谭生林还热心家乡的公益事业，关怀乡梓建设。新中国成立后，谭生林曾任花山水利委员会委员、榕塞河水利委员会委员和广州谭氏宗亲会总会监事长等社会职务。

谭生林对共产党领导的新中国成立以来取得的各项成就极为振奋，对社会主义建设事业充满信心，尤其对祖国统一大业更为关心。

昔日战争的硝烟早已散尽，当年骁勇善战的少将已归尘土，历史的长河仍在脉脉流淌，绵绵不绝。

走进藏书院村，谈起这位驰骋沙场、保家卫国的将军，讲到这位热爱祖国、关心桑梓的乡贤，他的精神令我们肃然起敬。

（三）民间武术·藏书院村的洪拳传承

洪拳的历史

洪拳，是广东南拳流派之一，广泛流行于华南地区，位居岭南五大名拳（洪拳、刘家拳、蔡家拳、李家拳、莫家拳）之首。练此拳法，要求"动中有静，静中有动，放而不放，留而不留，疾而不乱，徐而不弛"。它的特点是出拳快捷迅猛，拳风呼呼有声，马步稳固扎实，站桩落地生根。

洪拳的始创者洪熙官是花都赤坭镇竹洞村猪腰岭人。他自幼习武，悟性极高，糅合了少林拳、白鹤拳和象形拳等传统拳术，将它们融会贯通，自创独特的武术拳脚套路，取名"洪拳"。据《花县志》载，洪熙官青壮年时曾返乡，在赤坭圩关帝庙设馆授徒，弘扬洪拳武术，盛极一时。后在广州光孝寺创设"乐善山房"武馆，旨在"复兴民族，振兴少林"，名声显赫。他不仅为南拳的兴旺做出了贡献，而且教出了不少武功高强、锄强扶弱、惩恶除奸、行侠仗义的武林高手。

洪熙官位列"少林十虎"之首，是武林一代宗师，其名气之大、影响之深，广东省内无人能比。他首创的洪拳从最初的一家之拳，发展到今天流派繁衍、传习地域广阔、传习者众多的大家之拳，享誉全国武术界。

洪拳与藏书院

洪拳在藏书院村兴起至今已有 200 多年历史。旧时，藏书院村男女老幼都练洪拳，练拳成了村民生活中的一部分。村里的武馆设在祠堂，大门两侧长年贴着"拳出一声龙侧耳，棍通三点虎低头"的对联，以降龙伏虎喻洪拳声威，联意颇有气势。村民在练习洪拳的过程中不断创新套路，丰富招式，经过数代人的努力，洪拳在藏书院村得到发扬光大。20 世纪 70 年代，花县曾举办全县武术比赛，藏书院村的武术队囊括所有奖牌，足见其武艺之精、功夫之猛、习武人数之广和武术套路之多。

洪拳的传承

洪拳第九代传承人谭秋荣说，藏书院村的洪拳饱含着深厚的历史文化底蕴和独具特色的人文风情，理应得到重视与传承。

为了更好地传承和发扬洪拳，藏书院村村民摸索出一条快乐练武的途径，在练习中充分运用各种武器和生活器具，将其融入洪拳的各个套路和招式中，无论是刀枪剑戟还是棍棒锄耙，信手拈来，随手可练，并总结出几十种武术套路，极大地丰富和发展了洪拳的演练程式。藏书院村村民还将洪拳与醒狮表演结合起来，舞狮者随着鼓点的轻重缓急，恰如其分地将武功招式贯穿于舞狮的动作中，将醒狮舞得生动逼真。舞狮者还有意加大醒狮表演的难度，惊险的动作让观众看得提心吊胆，每到险象环生处，观众心跳加速，发出惊呼，而化险为夷之后便博得观众的阵阵喝彩和掌声，可见洪拳结合醒狮的表演更具观赏性。

2015 年，洪拳被列入广州市非物质文化遗产保护名录，藏书院村洪拳第九代传承人谭秋荣则入选市级"非遗"传承人。如今，谭秋荣的儿子谭志聪成为洪拳第十代传承人。

 知识拓展：功夫文化

武术，也称为功夫，一般包括拳术、剑术、刀术和棍术等。

中国功夫是我国宝贵的文化遗产，其中以少林寺的功夫最为有名，素有"天下功夫出少林"一说。少林七十二艺被认为是少林功夫的总称，一指禅、罗汉拳和童子功等都是大家所熟知的功夫。在我国，武术也是一种体育形式，有强身健体之功效。此外，少林武术更是一种心灵的修炼。以静制动，以柔克刚，奉行拳禅合一、身心兼修，是中国武术的重要特点。

除了少林功夫外，太极拳也是我国至今仍然流行的一种体育形式、一种功夫。太极作为一种武术，既可以健体，又可以护身，对于调节人身体的各种系统均有重要的作用。太极融合了中医的经络学说和道教的静心之道，成为人们修身养性的最佳运动方式。

（四）民俗风情·藏书院村的秋祭分鱼

我国幅员辽阔，在民俗风情方面，常常具有非常明显的地域差异性。人们把这种差异总结为"五里不同风，十里不同俗"。但无论是哪里的风俗，都是当地社会生活在礼仪、制度和规范方面的具体表现。而这些礼仪、制度和规范就是孔子说的"礼"。礼的作用就是保持社会生活中人际关系的和谐。

藏书院村独特的风俗民情处处体现"和"文化内涵，秋祭分鱼就是其中一种"和"文化的民俗。

与秋祭太公分猪肉的习俗不同，藏书院村秋祭分的是鱼。由于该村水库、鱼塘较多，秋天正是鱼儿最肥美的季节，因此有秋祭分鱼的习俗。秋祭分鱼一般在中秋时节举行。因为中秋节前外嫁女会纷纷回娘家探亲"担饼"，所以，在农历八月初六这一天举行秋祭，能顾及外嫁女参与秋祭活动。

藏书院村举办分鱼活动的当天，村中捕鱼好手早早地起床，换上水衣水裤，带上渔网和大木桶在村门口塘前集中，随着一声令下，捕鱼开始了。迎着朝阳升起，围观看热闹的村民越来越多。水中的人在鱼塘中撒网收网，将塘鱼聚拢在一块，准备抓鱼。一旦抓不住，鱼从手里滑出去，会溅得满脸泥浆，引来岸上一阵哄笑。村民将大鱼装满鱼桶，再一桶桶抬上岸，过秤后放在大树底下，等待分鱼到户。分鱼的时候到了，男女老少人人有份。全村村民围着鱼塘边一列排开，手里提着竹篮，欢快地等待分鱼，一派其乐融融的景象。

知识拓展：民俗风情与传统节日

民俗风情和传统节日是我国历史文化遗产的重要组成部分，是各民族人民情感、智慧、伦理道德的集中体现，也是人们对美好生活的一种向往和期盼。

我国的传统节日主要包括春节、元宵节、清明节、端午节、中秋节、重阳节和冬至等。不同的节日有不同的风俗、不同的特色。

春节是我国最古老、最盛大的节日，位居传统节日之首。每逢春节，各家各户都忙着写春联、贴年画、放爆竹和走亲访友，热闹非凡，到处都是喜气洋洋的景象。

正月十五为元宵节，是一年中第一个月圆之夜。元宵节最有名的风俗就是赏灯、猜灯谜和吃元宵。各地的灯笼特色鲜明，但无论是哪种灯笼，都充分显示了人们的勤劳和智慧，表达了人们的美好祝愿。

清明节一般是在公历的4月初，以祭祖和扫墓的风俗为主。人们以宗族为单位，祭拜祖先，清除坟墓杂草，为逝去的亲人烧纸钱，供奉祭品，以表达对祖先的怀念和敬意。

端午节是每年的农历五月初五这一天，是我国民间最古老、最重要的传统节日之一，与屈原的故事有关。端午节的主要风俗是包粽子、喝雄黄酒和赛龙舟，人们通过这些风俗活动来纪念屈原。

中秋节是我国第二大传统节日，是农历八月十五这一天。祭月、赏月和吃月饼是中秋节的重要风俗。

重阳节是农历九月初九。九月，菊花傲霜怒放，因此，九月又称"菊月"。登高、赏菊和插茱萸是重阳节的重要风俗。

冬至节是我国一个非常重要的传统节日，花都人有"冬大过年"的风俗，重要习俗就是当天吃"圆仔"，寓意团团圆圆。

（五）游学活动·游古村 观洪拳 悟文化

藏书院村坐西南向东北，村面长约250米，梳式布局，规划统一，十几座古建筑在村面一字排开，极具岭南特色。藏书院村的祠堂和厅堂主要分布在村面，从右至左分别是谭氏祖祠、谭氏宗祠、云溪公祠、法明公祠、始初草庐、子义公祠、宏振家塾、桂诗书舍、云山公祠、兰堂书院、信魁书舍、卓亭书舍、南岳书舍等。现保存较完整的古建筑约有70座，每一座都值得我们静心游览。

观洪拳

洪拳是清朝康熙年间洪熙官通过糅合多种武术套路而独创的拳术，以马步硬朗、出拳力重著称，是南派拳术的佼佼者。

练习洪拳可以促进身体各部肌肉的协调配合，起到锻炼神经系统机能的作用。此外，经常练习洪拳还能调节呼吸系统的机能和心血管系统的机能。洪拳因其出拳力重，比较适合青少年学习和模仿。

洪拳第九代传承人谭秋荣说，在洪拳的理论中，低重心的四平大马是一切力量的源泉。扎马的时间越长，人的腰腿肌肉得到的锻炼就越大，体能就越充沛，瞬间爆发的攻击力就越猛烈。

为了让大家对洪拳有一个初步的了解，藏书院村的谭志聪先生提供了一段小视频，扫描下方二维码即可观看。

洪拳介绍

（用手机扫一扫，了解更多信息）

在我国，"和"是我国古人在长期社会实践中逐渐意识到的人与自然、人与社会、人与人之间相互依存的一种理想状态，是万物生生不息、繁荣发展的内在依存，是我国传统文化核心价值观的重要内容。时至今日，"以和为贵""和气生财""家和万事兴"等饱含"和"文化意蕴的用语仍然经常出现在我们的日常生活中。藏书院村村民长期受"和"文化的熏陶，团结一心、和睦共处，良好乡风代代承继。让我们行走在藏书院村，领悟其"和"文化吧！

（六）老有所为·讨论与设计

与其他传统技艺相似，藏书院村古老的洪拳的传承也面临着现代生活方式的冲击。随着越来越多的年轻人外出打工，那些晨起练拳的情景在村内越来越少。据统计，在习得洪拳的400多名村民中，青少年不足百人。

讨论活动：

（1）没有年轻人的加入，洪拳及其文化如何延续？

（2）传承洪拳，可以采取哪些措施？

设计活动：

（1）了解藏书院村的历史沿革和发展规划，结合藏书院村现有的基础和优势，将传统文化的精髓融入村内的文化书屋之中，为设计有文化底蕴的文化书屋建言献策。

（2）为"洪拳少年"设计一个徽标，助力他们的品牌发展。

附录

花都区古村落文化老年游学活动实施情况简介

国家开放大学（广州）老年开放大学花都学院（以下简称"花都学院"）自 2018 年 11 月 8 日挂牌以来，充分整合资源，积极构建老年教育"区—街道（乡、镇）—村（居委会）"三级办学体系。截至目前，花都学院建立了街道（乡、镇）级学校 12 个，村（居委会）级教学点 141 个，扩大了老年教育的覆盖面。为进一步丰富老年教育教学的形式，花都学院积极探索依托花都区古村落文化开展老年游学活动的理论体系和实践模式。课题"花都区老年教育游学项目开发设计与实施研究——以炭步镇古村落文化游学项目为例"被广州市广播电视大学 2020 年老年教育建设专项——老年教育研究暨"老年教育特色品牌培育"立为重点项目并获得资助。课题组在深入调研花都区老年朋友古村落文化游学需求的基础上，尝试开发古村落文化老年游学的活动型课程，设计古村落文化老年游学的路线，力图将本土古村落文化老年游学付诸实践，探索古村落文化老年游学的基本模式，让老年人在古村落旅游的同时，学习古村落文化，亦游亦学，游学结合，从而更好地推进花都学院的老年游学工作。

2021 年 4 月 23 日，花都学院组织老年学员到炭步镇古村落开展以"游古村、学摄影、品文化"为主题的老年古村落文化游学活动（此次活动的简章详见彩页插图）。游学活动邀请了范淯昌先生作为游学讲师，为大

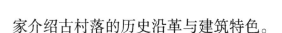

家介绍古村落的历史沿革与建筑特色。

在塱头古村，范先生引导老年学员们先后游览了青云桥、升平人瑞牌坊、古巷、祠堂和书舍，还深入古巷参观了范先生精心打造的藏馆和民居。这些充满浓厚传统文化气息的藏馆和民居是古村落传统文化活化与传承的新载体。漫步于古建筑群落之间，聆听范先生讲述塱头村的耕读文化和建筑特色，老年学员们不禁惊叹于古人的智慧和传统文化的魅力，对于中国传统文化的自信心和自豪感油然而生。老年学员们还不时地拿起手机，用照片展示古建筑之美。

随后，大家参观了位于华岭村的光禄大夫家庙。这里是"晚清八大名臣"之一骆秉章的家庙。骆秉章是清后期封疆大吏，他为官清廉，一丝不苟，屡立战功，家庙即是为褒奖他的军功政绩而钦赐修建的。光禄大夫家庙现已成为花都区廉洁教育的重要场所。

在展馆里，老年学员们认真聆听范先生介绍骆秉章的"德、才、情、廉"，重点学习了骆秉章查办银库案的历史，较全面地了解了骆秉章的人生经历和政治功绩。

游览古村落后，大家还参观了富有社会主义新农村气象的花岭农湾生态农业园。花岭农湾生态农业园集生态观光、水果采摘、劳动教育、户外拓展等功能于一体，是当前华岭村实现经济振兴的重要经济体。生态园里，泰国樱花开得正艳，圣女果正是采摘的好时候。老年学员们聆听范先生介绍农业基地的运作流程，参观了各功能场地，还参加了有趣的水果采摘活动。

愉快的老年游学活动在学员们的欢声笑语中迎来了尾声。在回程的车上，老年学员们纷纷交流这一天的所见所闻，表示这一次游学活动让他们更近距离地了解了花都古村落，比以往更深入地走进历史人物，走进传统文化。

广州老年开放大学花都学院作为花都区实施老年教育的重要主体单位，依托古村落文化老年游学基地，参与承办了多次老年游学交流活动，接待外地老年游学队伍，组织老年朋友开展古村落游学活动，践行文化养老的理念，引领老年教育新时尚，持续探索古村落文化老年游学活动的运行机制，进一步提升了老年学员的获得感，促进了老年教育高质量发展。

广州市花都区成人教育培训中心公众号

（扫码关注我们，了解更多信息）

参 考 文 献

［1］中共中央宣传部. 习近平新时代中国特色社会主义思想三十讲［M］. 北京：学习出版社，2018.

［2］中共中央宣传部. 习近平新时代中国特色社会主义思想学习问答［M］. 北京：学习出版社，人民出版社，2021.

［3］卢福汉. 花都古村落探寻［M］. 广州：华南理工大学出版社，2018.

［4］邓静宜. 花都祠堂风韵［M］. 广州：华南理工大学出版社，2017.

［5］叶朗，朱良志. 中国文化读本：普及本［M］. 北京：外语教学与研究出版社，2016.

［6］广东省人民政府地方志办公室. 全粤村情：广州市花都区卷（一）［M］. 广州：广东人民出版社，2018.

［7］广州市花都区人民政府地方志办公室. 花都古村落［M］. 广州：广东人民出版社，2018.

［8］黄金来. 魅力炭步［M］. 北京：中国文联出版社，2012.

［9］叶忠海. 老年教育学通论［M］. 上海：同济大学出版社，2014.

［10］ 林徽因. 中国建筑常识［M］. 成都：天地出版社，2019.

［11］ 陈棣生. 花都寻宝记［M］. 广州：岭南美术出版社，2018.

［12］ 费孝通. 乡土中国［M］. 南京：江苏文艺出版社，2007.

［13］ 高婷，雷彤娜，张郁. 广州炭步镇四村［M］. 北京：北京出版社，2020.

［14］ 王德刚. 古村落保护与开发：北方古村落保护与旅游开发典型案例研究［M］. 济南：山东大学出版社，2013.

［15］ 梁思成，林洙. 为什么研究中国建筑［M］. 北京：外语教学与研究出版社，2011.

［16］ 钱穆. 中国文化史导论［M］. 北京：商务印书馆，1994.

［17］ 希拉里·迪克罗，鲍勃·麦克彻. 文化旅游［M］. 朱路平，译. 北京：商务印书馆，2017.

［18］ 于鸿雁. 北京四中人文游学课［M］. 北京：教育科学出版社，2018.

［19］ 中共中央关于制定国民经济和社会发展第十四个五年规划和二〇三五年远景目标的建议［EB/OL］. (2020 - 11 - 03)［2021 - 02 - 19］. http://www.gov.cn/zhengce/2020 - 11/03/content_5556991.htm.

［20］阮仪三. 留住乡愁：呼吁传统文化村落保护立法［EB/OL］.（2016 – 03 – 18）［2021 – 02 – 19］. http://culture. people. com. cn/n1/2016/0318/c87423 – 28208196. html.

［21］中华书局编辑部. 一本书备考中华传统文化：修订本［M］. 北京：中华书局，2018.